Mediation

Wissenswertes für Psychologisch Beratende

BOOKS on DEMAND

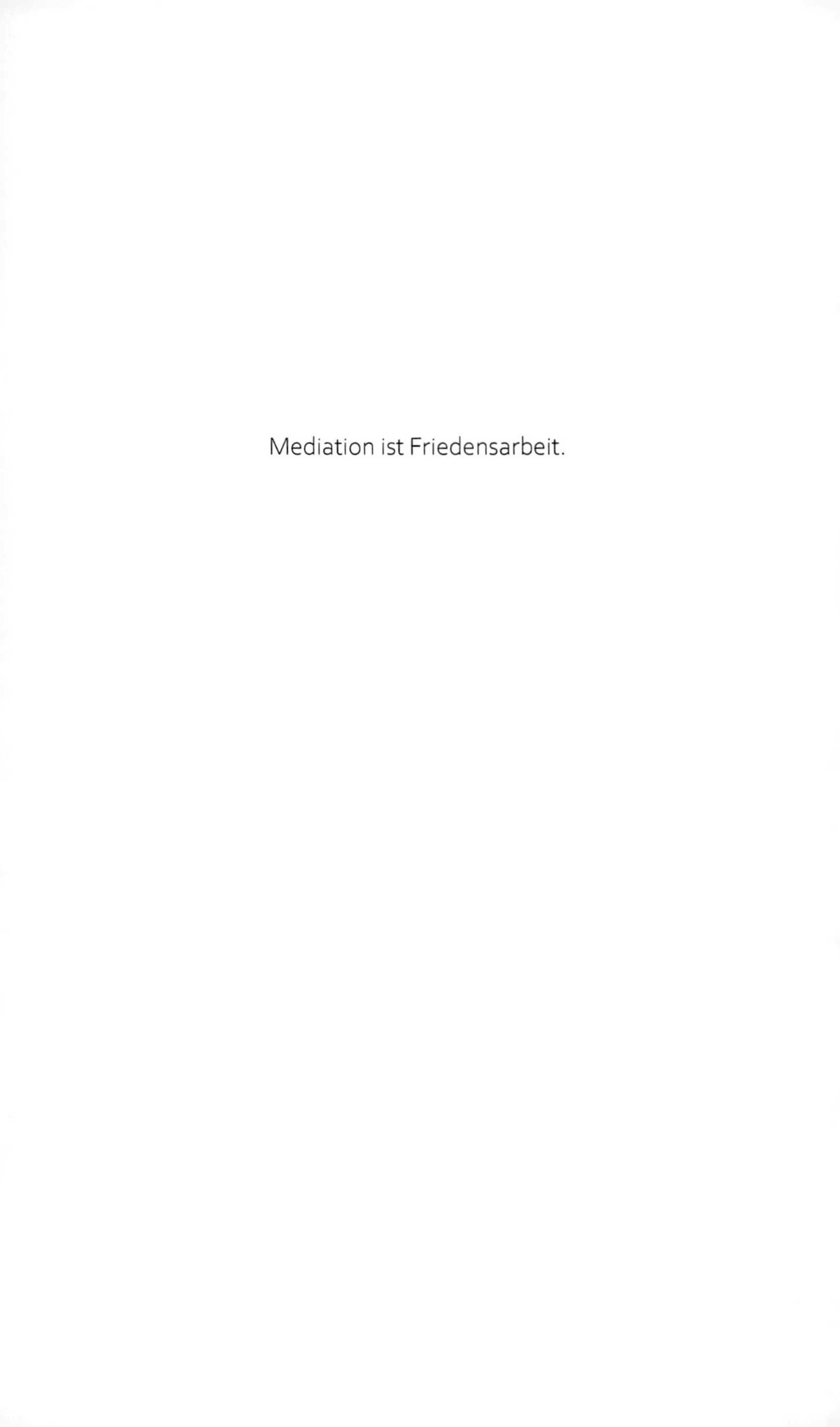
Mediation ist Friedensarbeit.

Sabine Wöger

Mediation

Wissenswertes für Psychologisch Beratende

Bibliografische Information der Deutschen Nationalbibliothek:
Die Deutsche Nationalbibliothek verzeichnet diese Publikation in der Deutschen Nationalbibliografie; detaillierte bibliografische Daten sind im Internet über http://dnb.dnb.de abrufbar.

Illustration: Sabine Wöger
Veröffentlichung: Wolfgang Wöger
Herstellung und Verlag: BoD – Books on Demand, Norderstedt

ISBN: 978-3-7543-0105-0

Einleitende Gedanken

Eine Lösung, die auf den ersten Blick logisch und gerecht aussieht, stellt sich bei tief gehender Betrachtung mitunter als unbefriedigend heraus. Ein Beispiel: Zwei Schwestern streiten sich um eine Orange. Um die Auseinandersetzung zu beenden und einer raschen Lösung zuzuführen, schneidet die Mutter die Orange in zwei Hälften. Jedoch begehrte die eine Schwester nur den Saft der Orange, die andere benötigte die Fruchtschale zum Aromatisieren eines Kuchens. Weil die Schwestern auf den je eigenen Positionen beharrten, ihre eigentlichen Beweggründe nicht kommunizierten und die am Konflikt unbeteiligte Mutter voreilig eine Lösung herbeiführte, war das Ergebnis schließlich für alle unbefriedigend.

Die Wahrscheinlichkeit, dass eine konstruktive Konfliktlösung gefunden wird, mit der alle Beteiligten zufrieden sind, steigt, wenn der Verhandlungsstil kooperativ ist und wenn es den Beteiligten gelingt, an der Tür der Gesprächspartner*innen anzuklopfen. Bedeutsam ist zudem, dass die Motive, Bedürfnisse und Erwartungen der einzelnen Personen erhellt werden. Überdies ist wichtig, dass das gegenseitige Verständnis und eine gemeinsame Lösungsfindung in der Intention aller liegt.

Konflikte sind allgegenwärtig und keine außergewöhnlichen Ereignisse. Sie begegnen uns in privaten, nachbarschaftlichen und beruflichen Beziehungen, im Straßenverkehr, national und international. Zwischenmenschliche Kontroversen sind kausale Folgen des sozialen Interagierens von Individuen, Gruppen und/oder Organisationen. Defizitäre fachliche und strukturelle Abstimmungsprozesse, ebenso mangelnde kommunikative, emotionale, und/oder soziale Kompetenzen, tragen das ihre dazu bei. In ihrer negativen Ausprägung wirken sie (zer-)störend auf Menschen, auf Organisationen und Wertschöpfungsprozesse. Im positiven Sinn können Konflikte als Katalysatoren für das Lernen und für die persönliche, gesellschaftliche, ethische, ökologische bzw. wirtschaftliche Weiterentwicklung wirksam genutzt werden.

Im Kontext der psychologischen Beratung werden häufig mediative Kompetenzen zur Konfliktlösung benötigt, auch dann, wenn die Ratsuchenden schwierige (ethische) Entscheidungen zu treffen haben.

Dieses Büchlein richtet sich an Lebens- und Sozialberatende. Es beinhaltet grundlegendes Wissen über die Ausübung des Streitbeilegungsverfahrens der „Mediation" in Österreich. Wissenswertes ist kurz und prägnant zusammengefasst.

Inhalt

Konflikt

Begriff „Konflikt"

Friedrich Glasl (1997, S. 14–15) definiert Konflikt im Unterschied zu einer Diskussion wie folgt:

> Sozialer Konflikt ist eine Interaktion zwischen Aktoren (Individuen, Gruppen, Organisationen usw.), wobei wenigstens ein Aktor Unvereinbarkeiten im Denken/Vorstellen/Wahrnehmen und/oder Fühlen und/oder Wollen mit dem anderen Aktor/den anderen Aktoren in der Art erlebt, dass im Realisieren eine Beeinträchtigung durch einen anderen Aktor (die anderen Aktoren) erfolge.

Laut Karl Berkel (1997, S. 10) liegt ein Konflikt dann vor, wenn zwei Elemente gleichzeitig gegensätzlich oder unvereinbar sind. Ein Konflikt findet auf einer kognitiven, emotionalen oder verhaltensbezogenen Ebene statt. Diese drei Ebenen beeinflussen sich oftmals gegenseitig.

Damit von einem Konflikt gesprochen werden kann, genügt es, wenn sich nur *eine* Partei betroffen fühlt (Mayer, 2007, S. 20–21).

Wie unterscheiden sich Konflikt- von Verhandlungssituationen? Der Unterschied liegt im Prozess. Bei einer Verhandlung wissen die Beteiligten, dass sie sich in eine Verhandlungsphase begeben und bereiten sich im Vorfeld entsprechend darauf vor. Überdies gibt es bei Verhandlungen in der Regel einen Verhandlungsgegenstand. Auch wenn inhaltliche Meinungsverschiedenheiten vorliegen, streben die Beteiligten ein Resultat an. Hingegen ist vorab nicht immer absehbar, dass sich ein Gespräch, bedingt durch seine Eigendynamik, zu einem Konflikt entwickelt. Konfliktbeteiligte wollen ihre Anliegen durchsetzen. Auch die Ergebnisorientierung ist nicht immer gegeben (Weh & Enaux, 2008, S. 101).

Konfliktdynamik

Abbildung: Der zeitliche Verlauf eines Konflikts.

Konflikte verändern sich im Zeitverlauf. Sie können an Konfliktstärke verlieren oder sich auflösen, sie können jedoch auch an Konfliktstärke zunehmen und eskalieren. Der jeweilige Status besteht immer nur vorübergehend.

Durch einen Konflikt werden die Parteien dazu aufgerufen, bisherige Entscheidungswege zu überdenken und neue Einstellungen und Verhaltensweisen zu entwickeln. Dabei liegt der Fokus auf der Zukunft. Je mehr Varianten eine Person für eine Zukunft findet, in der sie gedenkt, friedvoll mit anderen zusammenzuarbeiten bzw. zu interagieren, desto besser.

Konfliktarten

Innere (seelische) Konflikte

Aus logotherapeutischer Perspektive steht bei noogenen Konflikten die *„geistige Not"* (Frankl, 2005, S. 13) im Vordergrund. Auf der Suche nach Sinn wird der Mensch von seinem Gewissen geleitet, das Frankl als *„Sinnorgan"* (2012, S. 24) bezeichnet. Dieses muss ständig verfeinert werden, sodass der einer Situation innewohnende Sinn hellhörig wahrgenommen werden kann. Das Gewissen besitzt die Fähigkeit, *„Sinngestalten in konkreten Lebenssituationen zu perzipieren"* (ebd., 2006, S. 73). Zudem spricht es eine klare Sprache, weshalb die Person keinen Gewissenskonflikt, sondern einen Wertekonflikt erlebt, bei dem einander widersprechende Prinzipien bzw. Werte, auch *„Sinn-Universalien"* (ebd., S. 72) genannt, zur Wahl stehen. Durch sie wird ein Mensch zum verantwortungsvollen Entscheiden aufgefordert.

Im verhaltenspsychologischen Kontext liegen Konflikten ambivalente Kräfte zugrunde, die auf eine Person widersprüchlich einwirken und negative Auswirkungen auf das Denken, Handeln und auf das Gefühlsleben haben. Auf der Verhaltensebene werden drei Konfliktarten unterschieden:

- ◊ Annäherungskonflikt, auch „Appetenzkonflikt": Eine Person muss sich zwischen zwei gleichwertigen Optionen entscheiden. Beispielsweise hat eine Person in der eigenen Firma optimale Karriereaussichten und erhält gleichzeitig ein attraktives Angebot von der Konkurrenz.
- ◊ Vermeidungskonflikt, auch „Aversionskonflikt": Eine Person muss sich zwischen zwei Tatsachen entscheiden, die sie beide als ein Übel erachtet. Beispielsweise stehen entweder das Ertragen der Zahnschmerzen oder das Aufsuchen eines Zahnambulatoriums zur Wahl.

◊ Annäherungs-Vermeidungs-Konflikt, auch „Appetenz-Aversions-Konflikt": Eine Person steht vor einer Entscheidung, die sowohl Vorteile als auch Nachteile mit sich bringt. Beispielsweise bekommt eine Person durch die Übernahme einer Leitungsfunktion ein höheres Gehalt, man muss jedoch ein höheres Arbeitspensum und weniger Freizeit in Kauf nehmen.

Gemäß dem psychoanalytischen Verständnis resultieren unlösbare innere Konflikte aus verdrängten Erlebnissen, die sich psychisch oder (psycho-)somatisch manifestieren können.

Äußere (soziale, interpersonale) Konflikte

Folgende Konflikte können bei Paaren, in Gruppen oder in Organisationen auftreten:

◊ **Paarkonflikte** entwickeln sich, wenn zwischen Partner*innen ein Interessengegensatz vorliegt und die*der eine Einfluss und Macht auf die Meinung der*des anderen auszuüben versucht. Folgende Konfliktarten und -themen treten bei Paarkonflikten beispielsweise auf:

- *Identitätskonflikte,* z. B. Alleingang versus gemeinsame Entscheidung,
- *Distanzkonflikte,* z. B. fehlende Balancierung des Nähe- und Distanzbedürfnisses,
- *Entwicklungskonflikte,* z. B. Stillstand versus Entwicklung,
- *Rollenkonflikte,* z. B. überhöhte Erwartungen an die eigene oder an eine andere Person,
- *Konkurrenzkonflikte,* z. B. das Ringen um Besserstellung.

◊ **Dreieckskonflikte**: Kommt eine dritte Person hinzu, weitet sich das Konfliktpotenzial auf eine weitere Person aus: A:B, B:C und A:C. Folgende Konfliktarten und -themen treten bei Dreieckskonflikten beispielsweise auf:

- *Koalitionskonflikte,* z. B. wenden sich zwei Personen gegen eine andere Person,
- *Delegationskonflikte,* z. B. wird die Kommunikation zwischen zwei Menschen an eine dritte Person delegiert,
- *Eifersuchtskonflikte,* z. B. bringt eine dritte Person eine Paarbeziehung in eine Schieflage,
- *Rivalitätskonflikte,* z. B. rivalisieren zwei Kollegen um die Gunst einer Führungskraft.

◊ Von **Gruppenkonflikten** wird dann gesprochen, wenn mindestens vier Personen daran beteiligt sind. Unterschieden werden:

- *Untergruppenkonflikte,* z. B. fühlt sich eine Gruppe durch eine andere Gruppen, durch Paare oder Dreiecke bedroht,
- *Territorialkonflikte,* z. B. kämpfen die Beteiligten um Ressourcen und/oder Kompetenzen,
- *Führungskonflikte,* z. B. wird um Einfluss und Macht gekämpft,
- *Rangkonflikte,* z. B. kreist der Konflikt darüber, wer die Alpha-Position und wer die Omega-Position einnehmen darf,
- *Normierungs- und Bestrafungskonflikte,* z. B. entstehen diese Konflikte infolge der Missachtung von Gruppenregeln,
- *Zugehörigkeitskonflikte,* z. B. fehlt in einer Gruppe der Zusammenhalt untereinander, wird die Eingliederung neuer Kolleg*innen in eine Gruppe verunmöglicht,
- *Reifungs- und Ablösungskonflikte,* z. B. ringen jüngere und neue Mitarbeitende um die eigene Identität unter den Mitarbeitenden,

- *Substitutionskonflikte,* z. B. wird Angstauslösendes nicht offen kommuniziert, stattdessen werden neutrale Themen besprochen,
- *Verteidigungskonflikte,* z. B. verlangen Führungskräfte, bei denen ein Fehlverhalten vorliegt, von Mitarbeitenden bedingungslose Loyalität.

◊ **Organisationskonflikte**: Zwischen Subgruppen bzw. zwischen „Zentrum und Peripherie" liegt ein Konflikt vor (Schwarz, 1997, S. 157). Zu den Organisationskonflikten zählen:

- *Abteilungsegoismus,* z. B. begehrt die chirurgische Abteilung Ansprüche zum Nachteil der Palliativstation,
- *Herrschaftskonflikte,* z. B. Konflikt zwischen „Herr und Knecht", zwischen Krankenhausleitung und Pflegekräften,
- *Doppelmitgliedschaft,* z. B. Konflikte im Zuge von Sandwichpositionen,
- *Veränderungskonflikte,* Auslöser ist z. B. das rigide Festhalten an tradierten Normen,
- *Strukturkonflikte,* z. B. infolge einer nicht funktionalen Kommunikationsarchitektur.

◊ **Systemkonflikte**: Diese Konflikte beruhen auf unterschiedlichen Denksystemen und bringen Auseinandersetzungen zwischen Wertebildern, wissenschaftlichen Meinungen, Wirtschaftssystemen oder politischen Weltanschauungen mit sich. Folgende Konflikte gehören beispielsweise dazu:

- *Interkulturelle Konflikte,* z. B. infolge kultureller Auffassungsunterschiede,
- *Konflikte im Hinblick auf Qualität und Quantität,* z. B. von Produkten oder Forschungsdesigns, Agrarkultur gegen Industrialisierung, Ökonomie gegen Ökologie, z. B. be-

triebswirtschaftliches Paradigma statt Nutzung nachhaltiger und erneuerbarer Ressourcen,

- *Religionskonflikte,* z. B. stehen sich verschiedene religiöse Weltbilder einander unversöhnlich gegenüber,
- *Nationenkonflikte,* z. B. erkennt eine Nation die Existenz einer anderen nicht an.

◊ **Institutionskonflikte:** Gerhard Schwarz (1997, S. 186–194) erachtet die Etablierung von Institutionen als einen der größten Entwicklungsschritte der Menschheit. Konflikte in Institutionen sind als Versuch zu verstehen, mit den vier Grundwidersprüchen des Lebens umgehen zu lernen. Diese sind:

- der Gegensatz zwischen Toten und Lebenden,
- der Gegensatz zwischen Individuen und Gruppen,
- der Gegensatz zwischen Alten und Jungen,
- der Gegensatz zwischen Männern und Frauen.

Konfliktarena

Das Konfliktfeld kann wie folgt aussehen:

◊ *Mikro-sozialer Konflikt*: Der Konflikt besteht zwischen einigen wenigen Personen. Zur Konfliktlösung genügen meistens Kompetenzen in der Gesprächsmoderation und Supervision.

◊ *Meso-sozialer Konflikt*: Dieser Konflikt besteht zwischen Gruppen, Organisationseinheiten oder Abteilungen und verlangt von den Helfenden Mediations-, Organisations- und Managementkompetenzen.

◊ *Makro-sozialer Konflikt*: Dieses Konfliktgeschehen ist hoch komplex und betrifft viele Themenbereiche, weshalb von den Konflikthelfenden themenspezifische Kompetenzen benötigt werden, etwa politikwissenschaftliche, staatsrechtliche, ökonomische, soziologische oder anthropologische.

◊ *Heiße und kalte Konflikte*: Bei heißen Konflikten wird lautstark und offen gestritten, kalte Konflikte verlaufen „still und heimlich", jedoch deutlich spürbar, etwa weil „die Luft zum Schneiden ist". Oftmals werden sie verleugnet.

Zwei Modelle der Eskalationsdynamik

Alle Modelle zur Eskalationsdynamik weisen einen gemeinsamen Kern auf. Sie führen von einem schwachen Signal, das sich über sachliche oder auch persönliche Differenzen identifiziert, zu einer Verhärtung, in der die Konfliktparteien nicht mehr in der Lage sind, mit ihren eigenen Kommunikationstechniken Lösungen zu finden. Mit zunehmender Eskalationsstufe nimmt die Fähigkeit der Konfliktbeteiligten zu einer selbstbestimmten, kontrollierten und friedlichen Konfliktbearbeitung ab bzw. fehlt sie gänzlich.

Fünf Eskalationsstufen nach Pondy

Louis Pondy (1967, S. 296–320) beschreibt fünf Eskalationsstufen. Die kognitiven Aspekte der Betroffenen stehen hierbei im Mittelpunkt:

1. *Phase – Latenter Konflikt*: In dieser Phase sind sich die Beteiligten dessen noch nicht bewusst, dass sie unterschwellig bereits zur Konfliktentstehung beitragen, etwa durch den Wettkampf um knappe Ressourcen oder durch ein Autonomiestreben.

2. *Phase – Perzipierter*[1] *Konflikt*: Die Konfliktparteien werden auf Unterschiede und Gegensätze aufmerksam. Missverständnisse können bereits Spannungen und Konflikte auslösen.

---

[1] „Perzipieren" bedeutet „sinnlich wahrnehmen".

3. *Phase – Erlebter Konflikt*: Die Spannungen werden nicht mehr nur kognitiv wahrgenommen, sondern auch emotional.

4. *Phase – Manifester Konflikt*: Die perzipierten und gefühlsmäßig wahrgenommenen Spannungen führen zu einem Konfliktverhalten mit verdeckter und/oder offener Gewaltanwendung.

5. *Phase – Nachwirkungen des Konflikts*: Die konflikthaften Auseinandersetzungen können bestenfalls zu einer Änderung der ursächlichen Faktoren führen, die den latenten Konflikt zur Folge hatten. Kommt es zu keiner Bereinigung der Differenzen, beginnt ein weiterer Zyklus in fünf Phasen.

Neun Eskalationsstufen nach Glasl

Friedrich Glasl, Konfliktforscher und Organisationsberater, stellt den Eskalationsprozess als eine Abwärtsbewegung dar. Die Eskalationsdynamik weckt starke Energien, die sich der menschlichen Steuerung und Beherrschung vollkommen entziehen und Unmenschliches zutage bringen können. Weil das Gelände, auf dem sich die Konfliktparteien bewegen, abschüssig ist, geht jegliches Gefühl von Kontrolle, Halt und Sicherheit verloren. Zudem geraten die Parteien in einen Geschwindigkeits- und Bewegungsrausch, in dem der Blick auf das Gesamtgeschehen verloren geht. Mit dem Betreten des jeweils nächsten Gewaltniveaus verengt sich das eigene Verhalten und das der Gegner*innen, bestimmte Haltungsalternativen und Entscheidungsfreiräume werden bald ausgeschlossen. Der Übergang von einer Stufe in die nächste führt in ein Abgleiten von einem Regressionsniveau in ein noch niedrigeres. Die Parteien lassen sich zunehmend von Denkgewohnheiten, Gefühlen und Stimmungen, Motiven und Zielen leiten, die im Widerspruch zum persönlichen Grad ihrer Reife stehen. Es kommt zu Rückgriffen auf bereits durchlebte Entwicklungsphasen. Die Wendepunkte in Glasls Modell markieren *„Regressionsschwellen"* (2013, S. 237), in denen sich die Perzeptionen, die Einstellungen und Absichten, die Verhaltensweisen und das Selbstkonzept der Konfliktparteien ändern.

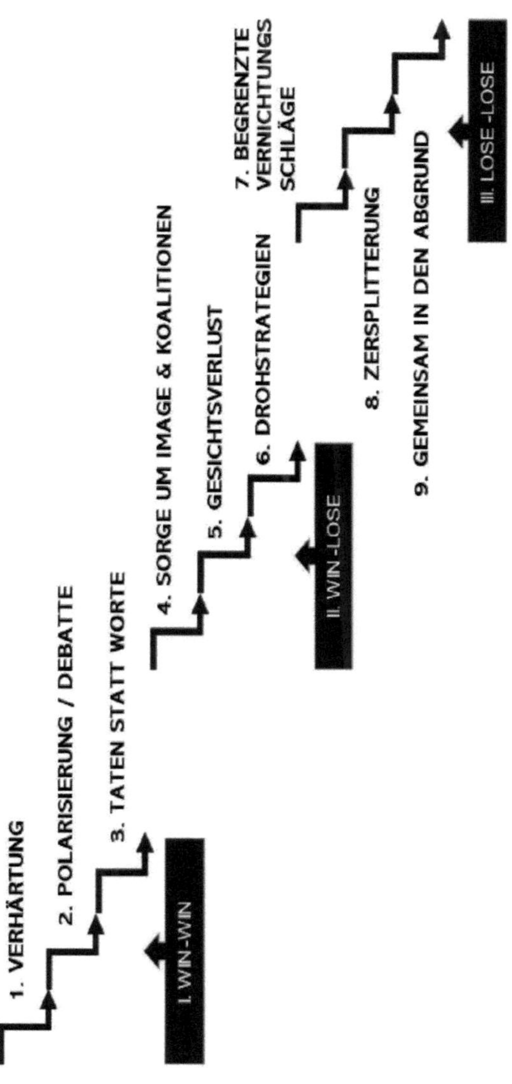

Abbildung: Eskalationsstufen nach Friedrich Glasl.

EBENE I: WIN-WIN. Bemühen um eine Lösung auf der Sachebene. Offener Ausgang.

1. *Stufe: Verhärtung*

Die ersten drei von neun Eskalationsstufen gehören der ersten Eskalationsebene, „WIN-WIN", an. Die erste Stufe ist von Spannungen geprägt. Nur mit Sorgfalt und Umsicht können unterschiedliche Sichtweisen auf einen gemeinsamen Nenner gebracht werden. Das ist noch nicht außergewöhnlich, zumal gut funktionierende Teams und/oder zwischenmenschliche Beziehungen dann und wann auch konstatieren müssen, dass verschiedene Meinungen miteinander unvereinbar bleiben. In dieser Phase kristallisieren sich Meinungsunterschiede zunehmend als Standpunkte heraus. Die Parteien beharren darauf, verhalten sich weniger offen und sind gegenüber beeinflussenden Bemühungen der Gegenseite eher zurückhaltend. Rund um die einzelnen Standpunkte formieren sich spontane und globale Adhäsionsgruppen. Deren Mitglieder wissen oftmals nicht genau, worauf sich eine Stellungnahme begründet, und dennoch vertreten sie diese. Die einzelnen Parteien weisen zunehmend eine verzerrte Wahrnehmung der jeweils anderen Partei auf. Einige Personen fühlen sich in ihrem Rollenverständnis bestärkt, etwa wenn sie klare Argumente für oder gegen etwas bzw. für oder gegen jemanden darlegen können. Treten erneut kritische Momente auf, tendiert die Gruppe zum neuerlichen Herauskristallisieren von Handlungsmustern, Rollen und Standpunkten und erhält dadurch ein neues „Lernergebnis", das die Überwindung der Spannungen (scheinbar) ermöglicht. Bestimmte Reibungspunkte werden nun als „bekannt" wahrgenommen. Im Ansatz entsteht eine Art Verhaltensmodell der Krisenbewältigung, auf das spontan und reflexartig zugegriffen werden kann. Das gelegentliche Abgleiten wird zu etwas „Normalem", z. B. „Schon wieder das Gleiche. Ich bin gespannt, ob sie*er jetzt wieder sagen wird, dass ...". Noch sind die Parteien davon überzeugt, dass die Spannungen durch rationale Argumente beseitigt werden können. Doch weil Befangenheit vorherrscht, ist das sachbezogene Führen von Gesprächen aufgrund von Missverständnissen und Verzerrungen erschwert (Glasl, 2013, S. 236—241).

2. *Stufe: Polarisierung und Debatte*

Folgende Entwicklungen treten in der zweiten Stufe auf:

- ◊ die Parteien haben unterschiedliche Motive,
- ◊ es besteht ein labiles Gleichgewicht zwischen kooperativen und kompetitiven Kräften,
- ◊ eigene Standpunkte werden mit der Interessensposition der Partei verknüpft,
- ◊ das Streben, sich zu behaupten und sich keiner Schwächung auszusetzen, nimmt zu,
- ◊ das Selbstwertgefühl wird durch den verstärkten Zusammenhalt in der Gruppe gestärkt, wodurch die Gegenseite verunsichert werden soll,
- ◊ „quasi-rationale" Beeinflussungsmittel werden eingesetzt, wobei Logik und Verstand gebraucht werden, um die Gegenseite in die Enge zu treiben und mit zwingenden Argumenten zum Annehmen des eigenen Standpunktes zu bewegen,
- ◊ die Gefühle der Gegenpartei werden indirekt manipuliert, um auf diesem Weg zu einer sachlichen Beeinflussung zu gelangen (Glasl, 2013, S. 249).

3. Stufe: Taten statt Worte

In der dritten Stufe dominieren folgende Dynamiken:

◊ es herrschen gemischte Motive und eine Konkurrenzhaltung vor,
◊ das Streben, die eigene Entschlossenheit, Selbstsicherheit und Unverrückbarkeit deutlich darzulegen, überwiegt,
◊ es kommt zum gegenseitigen Dominieren und Blockieren,
◊ nicht Worte sprechen, sondern Taten werden ausgeübt,
◊ im Handeln und im Wahrnehmen sind die non-verbalen Komponenten der Kommunikation ausschlaggebend, wobei negativ konnotierten Interpretationen Vorschub geleistet wird,
◊ es schwindet die Empathie gegenüber der jeweils anderen Partei,
◊ Vielschichtigkeit und Mehrdeutigkeit in der Interaktion der Parteien nehmen zu,
◊ innerhalb der Parteien wächst der Gruppenzusammenhalt mit zunehmendem Meinungskonformitätsdruck (Glasl, 2013, S. 257).

*EBENE II: WIN-LOSE. Die Sachebene wird verlassen. Die Kontrahent*innen sollen verlieren.*

4. *Stufe: Sorge um Image und Koalition*

Die vierte Stufe leitet die zweite Eskalationsebene, „WIN-LOSE", ein:

- ◊ die Parteien sind auf „win-lose" eingestellt und konfrontieren einander mit vollendeten Tatsachen,
- ◊ die Feindseligkeit verfestigt sich, es wird fanatisch gehandelt,
- ◊ das Denken erfolgt in Dualitäten und das Gefühlsleben ist polarisiert,
- ◊ bei den Parteien bilden sich stereotype Selbst- und Feindbilder aus, die im Hinblick auf Kompetenzen und Verhaltensstile als menschliche Eigenschaften interpretiert werden,
- ◊ das Selbstbild nimmt Züge des „Übermenschen" an, das Feindbild die des „Untermenschen",
- ◊ es kommt zu gegenseitigen Provokationen,
- ◊ mittels „Image-Feldzügen" wird um Anhänger*innen geworben,
- ◊ indifferente Personen werden zur Entscheidung für die eine oder andere Person gezwungen,
- ◊ es bilden sich Koalitionen und Allianzen,
- ◊ die soziale Konfliktarena weitet sich sprunghaft aus; die Komplexität und die kausale Verflechtung nehmen stark zu (Glasl, 2013, S. 267–268).

5. *Stufe: Gesichtsverlust*

Die fünfte Stufe weist folgende Charakteristika auf:

- Angriffe auf die Integrität von Personen beherrschen die Szene; Gesichtsverluste der gegnerischen Partei werden als „Aha-Erlebnisse" und als Enthüllung gedeutet,
- der Identitätsverlust hat einen rückwirkenden Effekt; die Rationalität der gegnerischen Partei wird überschätzt und begünstigt die „Mythenbildung",
- Selbst- und Fremdbilder werden auf moralische Dimensionen ausgedehnt,
- der Konflikt wird von einem starken Wertedissens und durch Ideologisierung überhöht und totalisiert,
- Kompromisse werden inakzeptabel,
- die gegenseitigen negativen Erwartungen blockieren die Vertrauensbereitschaft,
- wiederholte Enttäuschungen und gegenseitige Frustrationen vergiften die Atmosphäre,
- Degradierungszeremonien beschmutzen die Feinde und dienen der Selbstreinigung,
- bei den Parteien tritt nach dem gegenseitigen Ausstoß und dem Verhängen von Rechtlosigkeit eine Versteifung auf Fragen prinzipieller Rechte auf,
- die Parteien haben bald nur noch Interesse für sich selbst und für ihre eigene Position; sie ergehen sich in Selbstbemitleidung,
- Angriffe auf die gegnerische Partei werden zur „heiligen Verpflichtung",
- die Parteien streben nach Gleichstellung im gegenseitigen Zufügen von Schaden,
- innerhalb der Parteien verstärken sich die symbiotischen Beziehungen und arten zu militanten Allianzen aus (Glasl, 2013, S. 278–279).

6. Stufe: Drohstrategien und Erpressung

Die Eskalation auf der sechsten Stufe weist folgende Dynamik auf:

- ◊ die Selbst- und Feindbilder intensivieren sich,
- ◊ die Bilder werden schematisch, die Personen erscheinen als bloße Repräsentant*innen von Kategorien und als individuell auswechselbar,
- ◊ zwischen der Erlebniswelt der Drohenden und der Bedrohten treten unüberbrückbare Diskrepanzen auf, welche die Kommunikation zwischen den Parteien unterbinden,
- ◊ die Einstellungen der Parteien werden unnachgiebig und absolut,
- ◊ die Parteien streben danach, die Gegenpartei und die Gesamtsituation absolut zu kontrollieren,
- ◊ Drohungen haben den Zweck, die Gegenpartei zu konditionieren; sie führen zu „overperception" und „overreaction"; es kommt zum „Überdrohen" und zu extremen Fehlschlüssen,
- ◊ Irrationalität tritt zwangsläufig auf und bestimmt das Handeln unbewusst,
- ◊ die Drohenden engen die Entscheidungs- und Handlungsspielräume der Beteiligten ein,
- ◊ die Drohstrategien führen zur Radikalisierung und zum explosiven Wuchern der Gewalt (Glasl, 2013, S. 293–294).

EBENE III: LOSE-LOSE. Es gibt nur noch Verlierende. Der eigene Schaden wird in Kauf genommen, sofern jener der Gegner*innen größer ist.

7. Stufe: Begrenzte Vernichtungsschläge

Die siebte Stufe leitet die dritte Eskalationsebene, „LOSE-LOSE", ein. Vordergründig ist die Schädigungsabsicht der gegnerischen Partei. Der Einsatz der Drohstrategien in der vorherigen Stufe führte zu einer massiven Erschütterung des Sicherheitsgefühls der Konfliktparteien. Nun trauen sie sich einander nahezu alles Üble zu, weshalb die eigene Existenzsicherung zentral ist. Die Gegenpartei wird nur noch als der hinderliche Faktor verstanden, der einen Weg zur Problemlösung blockiert. Dies führt dazu, dass versucht wird, die Gegenpartei gezielt und durch dosierte Schläge in ihren Aktivitäten zu bremsen. Eine Problemlösung bei gleichzeitiger Existenz der gegnerischen Partei scheint unmöglich bzw. widerstrebt den Parteien. Gegner*innen werden nicht mehr als Tragende humaner Werte gesehen, sondern als verdinglichte, unbeseelte, ungeistige Entitäten, die ohne moralische Skrupel manipuliert und nötigenfalls auch vernichtet werden müssen. Jede Konfliktpartei denkt über die gegnerische nur noch in Quantitäten des Schadens und der Zerstörung, und jenseits von menschlichen Gefühlsregungen. Die Wortwahl ändert sich drastisch, es wird beispielsweise vom „Schlussmachen" oder „Unschädlichmachen" gesprochen, so als würde es sich um Ungeziefer handeln. Die Kommunikation verläuft monologisch. Ohne sich dabei zu vergewissern, ob und wie das Gesagte aufgenommen wird, werden die eigenen Botschaften klar zum Ausdruck gebracht (Glasl, 2013, S. 294–295).

8. Stufe: Zersplitterung und totale Zerstörung

Auf der achten Stufe werden die Vernichtungsschläge noch stärker. Der gegnerischen Partei soll jegliche Macht- und Existenzgrundlage genommen werden. Die Gegenpartei soll sich von den Erschütterungen nicht mehr erholen können. Die Aggressivität nimmt nun auch nach außen hin rasant zu. Was noch mäßigend wirkt, damit die Gewalthandlungen nicht völlig entgleisen, ist die Sorge um das Überleben der eigenen Existenz. Fällt jedoch auch diese Selbstbegrenzung aus, haben die Parteien die neunte und letzte Eskalationsstufe erreicht, die die Beteiligten in einen Abgrund führt (Glasl, 2013, S. 300–302).

9. Stufe: Gemeinsam in den Abgrund

In der neunten Stufe kommt es zur Totalisierung der Gewalt. Ein Schritt zurück ist nicht mehr möglich. Der eingeschlagene Kollisionskurs reißt alle Brücken unwiederbringlich ab, so als würden alle Knöpfe einer Vernichtungsmaschine gleichzeitig gedrückt werden. Parteien und Neutrale werden nicht mehr voneinander unterschieden. Die einzige Genugtuung ist das Wissen, dass die gegnerische Partei im eigenen Untergang mit in den Abgrund gerissen wird. Dieser wechselseitige Selbstmord beider Parteien erlaubt, noch im Untergang über die Gegner*innen zu triumphieren, weil deren Chance auf ein Überleben erfolgreich zerschlagen wurde (Glasl, 2013, S. 302).

Konfliktlösung

„Wenn du loslässt, hast du plötzlich zwei Hände frei" (Chinesische Weisheit).

Die Wirksamkeit einer Konfliktbehandlung ist davon abhängig, ob die Besonderheiten einer Konfliktsituation berücksichtigt werden. Hierzu zählen etwa die Unterscheidung der Konflikttypen sowie die Einschätzung des Eskalationsgrades. Eine lineare Ursachen-Wirkung-Betrachtung wäre kontraproduktiv, da sich ein Konflikt zwar schon nach kurzer Zeit von den ursprünglichen Problemen entfernt, jedoch folgend andere Themen und Personen einbezieht und laufend neue Konflikte induziert werden (Ballreich & Glasl, 2011, S. 223). Eine unverzichtbare Grundlage für eine konstruktive Konfliktbearbeitung ist, dass Konflikthelfende gemeinsame positive Erfahrungen aus der Vergangenheit der Streitparteien als Ressource aufgreifen (Glasl & Weeks, 2008, S. 24–25, 55). Die Kenntnis über Konflikttypen und -stufen ist für den Einsatz entsprechender Interventionen zur Konfliktlösung bedeutsam. Eingriffe auf den ersten Stufen unterliegen einer wesentlich höheren Lösungstendenz, weil die Bereitschaft und der Glaube an einen guten Ausgang seitens der Konfliktparteien noch stärker vorhanden sind als in einem weiter fortgeschrittenen Konflikt.

Konfliktlösung nach Schwarz

Gerhard Schwarz (1997, S. 217), Philosoph und Sozialwissenschaftler, beschreibt Ähnlichkeiten zwischen dem Lernprozess von Personen oder Gruppen, die sich in einer Konfliktsituation befinden, und dem Lernprozess, den Menschen im Laufe der Zivilisationsentwicklung machen.

Flucht

Bezugnehmend auf die Entwicklung der Zivilisation waren Primaten immer schon mit dem Fluchtverhalten vertraut, so sie keine Möglichkeiten hatten, ihr Leben zu retten, etwa aus Mangel an Waffen. Instinktiv ergreifen Menschen in Konfliktsituationen häufig die Flucht, weil sie ein unkomplizierter Lösungsansatz ist, bei dem niemand verliert oder zerstört wird. Flucht schürt jedoch auch Aggression und verhindert Lernprozesse (Schwarz, 2014, S. 283–285).

Vernichtung

Streben große Konzerne nach einer Monopolstellung, nehmen sie mitunter gar die Vernichtung des Gegners in Kauf.

Unterordnung

Durch Unterordnung bzw. Unterwerfung bilden sich hierarchische Systeme aus, in denen diejenigen, die sich in der höheren Position befinden, Recht behalten. Wird diese Entwicklung von allen akzeptiert, kann eine (vorläufige) Stabilisierung der Situation eintreten, weil die Betroffenen zwar ihre Unabhängigkeit verlieren, jedoch auch Sicherheit gewinnen. Der Konflikt wird nicht gelöst, sondern bleibt im Verborgenen bestehen.

Delegation

Eine dritte Partei versucht, zwischen den Konfliktparteien zu vermitteln: *„Dieses Prinzip der Transformation eines Problems (Unterschiedes oder Gegensatzes) auf eine ‚höhere Ebene', wo der Gegensatz verschwindet, ist eine der größten Kommunikationserfindungen in der Geschichte der Kulturen*" (ebd., S. 293, Klammern und Hervorhebungen im Original).

Kompromiss

Bei einem Kompromiss leistet jede Konfliktpartei einen bewussten Verzicht. Es kommt zu einer Teileinigung, weil nicht alle Interessen durchgesetzt werden können (ebd., S. 304).

Konsens

Um einen Konsens zu erwirken, lassen sich die Parteien auf einen dialektischen Prozess ein. Sie diskutieren die Situation, um eine gemeinsame Basis zu finden (ebd., S. 99).

Konfliktbearbeitung nach Berkel

Der Psychologe und Theologe Karl Berkel unterscheidet direkte von indirekten Formen der Konfliktbearbeitung.

Direkte Formen

◊ Entscheidung:

- *Verzicht durch Ausschluss einer Alternative,* z. B. wird die Option, eine Mitarbeiterin zu kündigen, ausgeschlossen,
- *Unterordnung einer Alternative unter eine andere,* z. B. werden die Prioritäten neu geordnet.

◊ Einigung:

- *Fauler Kompromiss,* z. B. wird eine vorläufige Lösung gesucht, wissend, dass das Problem noch nicht gelöst ist,
- *Echter Kompromiss*: Es wird sich für den Verzicht auf die volle Realisierung entschieden, z. B. wird darauf geachtet, dass niemand nur Vorteile oder nur Nachteile hat,
- *Synthese der widersprüchlichen Alternativen zu einer integrativen Lösung,* z. B. wird an einer Lösung gearbeitet, die neu ist und bei der die Unterschiede als Ressourcenreichtum wahrgenommen werden,

◊ Aneignung:

- *Annahme einer Situation als Chance und Aufgabe,* z. B. wird der Arbeit an der Einstellungsmodulation zugestimmt,
- *Hinnahme, ohne sich mit einer Situation abfinden zu können,* z. B. gibt sich jemand einem leidvollen Zustand hin.

Indirekte Formen

◊ *Abwendung*:

- *Abwehr durch Verdrängung des Konflikts,* z. B. Inkaufnahme seelischen Leidens oder einer körperlichen Erkrankung,
- *Abkehr durch Flucht oder Vermeidung,* z. B. Drogenkonsum, Substanzmittelmissbrauch.

◊ Umorientierung:

- *Vollwertiger Ersatz durch Wahl eines anderen Zieles,* z. B. Hausrenovierung statt Urlaub am Meer,
- *Verschiebung auf ein Ersatzobjekt,* z. B. Suche nach einer Ersatzbefriedigung (Berkel, 1997, S. 53–54).

Mediation

Geschichte

Die Wurzeln der Mediation reichen bis in das Altertum zurück, wo bereits Dritte in einem Konflikt als Helfende, Schlichtende und/oder als Autoritäten aufgetreten sind, beispielhaft im antiken Griechenland. Damals war es üblich, dass zwischen verfeindeten Stadtstaaten neutrale Stadtstaaten vermittelten. Diese vertraten sowohl ihre eigenen Interessen als auch die der anderen. Denn sie waren alle von drohenden Konflikten untereinander, z. B. während der Perserkriege um 490 v. Chr., bedroht. Vermittlung, wie sie damals praktiziert wurde, war noch stark von eigenen Interessen bestimmt und bestenfalls eine Schlichtung. Nicht selten wurde sie auch mit Drohungen und Nötigungen angereichert, um eine Befriedung zu erwirken.

Das Mittelalter und dessen gesellschaftliche Entwicklungen spielten für die Herausbildung von Schlichtungs- und Vermittlungsaspekten eine entscheidende Rolle. Die Vielfalt der damals herrschenden Gewalten, etwa die Fürstentümer, Kaiserreiche, Städte und Bünde, begannen, sich um dieses Recht zu streiten und zu bekriegen. Vor allem im Rahmen der kirchlichen Organisation und Herrschaft, die bereits die Grundlagen des späteren modernen Staates abbildete, wurden drittgestützte Verhandlungen und Vermittlungen institutionell verankert, wobei sich das Recht als Argumentationsgrundlage herauszubilden begann. Verhandlungsleitend war die*derjenige, der recht hatte. Das Recht wurde zur Legitimationsgrundlage für die Herrschenden. Historiker*innen bezeichnen das 12. Jhdt. als das „Jahrhundert des Rechts". Die Kirche rezipierte das Römische Recht, entwickelte die Kanonistik und baute ein legitimierendes Rechtssystem auf, das eine starke Vorbildwirkung entfalten sollte.

Die Frühe Neuzeit war die Zeit der aufkommenden zwischenstaatlichen Kriege, die auch die Zivilbevölkerung stark in Mitleidenschaft zogen, etwa im Dreißigjährigen Krieg. Gewalt führte zu noch mehr Gewalt und schließlich zu Pyrrhussiegen. Das internationale zwischenstaatliche Recht begann sich erst zu entwickeln und es bedurfte abermals Vermittelnder. Alvise Contarini, 1597–1651, wurde 1643 in Venedig als Vermittler der kriegführenden Staaten auf dem Weg zur Beendigung des Dreißigjährigen Krieges, der von 1618 bis 1648 währte, eingesetzt. Seine mehrjährigen Bemühungen mündeten im Westfälischen Frieden.

Die moderne Mediation hat ihre Wurzeln in den USA. Hier hat sich der Vermittlungs- und Schlichtungsgedanke im Zuge des Existenzialismus und der Humanistischen Psychologie weiterentwickelt. Die wissenschaftlichen, wirtschaftlichen und sozialen Revolutionen des 19. Jahrhunderts trugen ihrerseits zur Entwicklung der modernen Mediation bei. Die großen Rechtskodifikationen entstammen allesamt der Zeitspanne zwischen 1790 und 1915, in der es zur Ausdifferenzierung des Rechtssystems kam.

Das Harvard-Konzept

Moderne Mediation ist eine eigenständige gesellschaftliche Entwicklung unserer Zeit. Sie entwickelte sich aus der Verhandlungsforschung, erkennbar an einschlägigen Universitätsprojekten wie das „Harvard Negotiation Project".

Das Harvard-Konzept verfolgt das Prinzip des interessenorientierten und sachbezogenen Verhandelns. Das dahinterstehende Prinzip formulierten 1981 die zwei US-amerikanischen Rechtswissenschaftler Roger Fisher und William Ury in dem Buch „Getting to Yes"; deutscher Titel: „Das Harvard-Konzept". Später kam Bruce Patton hinzu. Das Konzept beruht auf dem „Harvard Negotiation Project" der Harvard-Universität. Das Ziel dieser Methode liegt in einer konstruktiven und friedlichen Einigung in Konfliktsituationen mit einem Win-win-Ergebnis. Die Methode geht über klassische Kompromisse hinaus. Im Vordergrund steht der größtmögliche beiderseitige Nutzen, wobei über die sachliche Übereinkunft hinaus auch für beide Verhandlungsseiten die Qualität der persönlichen Beziehungen gewahrt bleiben soll. Vier Bedingungen müssen bei der Harvard-Methode eingehalten werden:

1) Behandeln Sie Menschen und deren Interessen getrennt voneinander,
2) konzentrieren Sie sich auf die Interessen der Beteiligten und nicht auf ihre Positionen,
3) entwickeln Sie so viele Entscheidungsoptionen wie möglich,
4) bestehen Sie auf objektiven Beurteilungskriterien wie Gesetze, ethische Normen usw. (Fisher & Ury, 2018, S. 45, 75, 95).

Ziele

Der Begriff „Mediation" leitet sich vom lateinischen Wort „mediare", das bedeutet „vermitteln", „dazwischentreten" ab (Navigium, o. J., o. S.). Die Mediation ist ein flexibles Streitbeilegungsverfahren, in dem eine Dritte/ein Dritter, eine Mediatorin oder ein Mediator, eine Verhandlung zwischen Parteien auf dem Weg zu einer Einigung unterstützt (Haft, 2000, S. 244). Darüber hinaus ist die Mediation ein Führungsinstrument.

Die Mediation intendiert eine Interessensbefriedung. Hierbei werden Konflikte konstruktiv, ohne Zank und (Rechts-)Streit beigelegt. Es soll weder Siegende noch Verlierende geben. Alle Beteiligten sollen die Mediation mit dem Gefühl verlassen, dass jede*r die Situation tief gehend reflektiert hat, dass fair, wert- und sinnstiftend agiert wurde. Zusätzliche Gräben sollen keinesfalls aufgerissen werden. Die Suche nach kreativen, klugen und weisen Lösungen soll allen Beteiligten so viel wie möglich geben und so wenig wie nötig nehmen. Hierzu bedarf es seitens der Mediator*innen eines Wissens über die Konflikttheorie, über die Verhandlungstechnik, ebenso der methodischen Fähigkeit, einvernehmliche Konfliktlösungsprozesse zu begleiten. Die Mediation setzt auf nachhaltige Lösungen, wobei die Parteien selbst aktiv an den Lösungen arbeiten. Den Parteien wird das Vertrauen entgegengebracht, dass sie die Probleme lösen können.

Weitere Vorteile einer Mediation, etwa im Falle einer ehelichen Scheidung, ist die Möglichkeit eines kostengünstigen und zeitsparenden Verfahrens. Der Beginn und die gehörige Fortsetzung einer Mediation durch eine eingetragene Mediatorin/einen eingetragenen Mediator hemmen Anfang und Fortlauf der Verjährung und sonstiger Fristen zur Geltendmachung der von der Mediation betroffenen Rechte und Ansprüche. Finden die Parteien im Rahmen einer erfolgreich durchgeführten Mediation zu einer gemeinsamen Lösung, endet die Mediation mit einem außergerichtlichen Vergleich. Andernfalls steht den Parteien weiterhin der Klageweg offen.

Was Mediation nicht ist

Die Mediation grenzt sich von der Psychotherapie, Paarberatung, Rechtsberatung und Urteilssprechung klar ab:

- ◊ Mediation ist keine Psychotherapie. Ehe-, Familien- und/oder Partnerberatung sind nicht Gegenstand der Mediation. Psychische Probleme aus der Vergangenheit werden nicht bearbeitet.
- ◊ Mediation ist kein anwaltlicher Ersatz. Mediator*innen geben keine Beratung und treffen keine Entscheidungen.

- ◊ Mediation ist kein Gerichtsverfahren: Mediator*innen treffen kein Urteil über den Konflikt (Weh & Enaux, 2008, S. 5).
- ◊ Liegt seitens der Mediand*innen keine Bereitschaft zur konstruktiven Konfliktlösung vor, wird die Mediation erst gar nicht begonnen bzw. direkt beendet.

Mediation in Österreich

In Österreich wurde die Mediation Anfang der 1990er-Jahre im Feld der Ehescheidung und des Jugendgerichtsgesetzes publik (Fürst, 2004, S. 163–164). 1995 startete der österreichische Verein für Co-Mediation gemeinsam mit dem Bundesministerium für Justiz (BMJ) und dem Bundesministerium für Familien und Jugend (BMFJ) das Modellprojekt „Familienmediation". 1998 wurde erstmals eine Fachzeitschrift über Mediation, „KON:SENS", publiziert. Heute trägt sie den Titel „Zeitschrift für Konfliktmanagement" (Schmidt, 2021). 2001 wurde die Mediation zur außergerichtlichen Streitbeilegung gesetzlich verankert. Auch in Belgien und Großbritannien traten entsprechende Gesetze in Kraft, die es Richter*innen erlauben, einen Prozess ruhen zu lassen und die Parteien einer Mediation zuzuführen.

Das EU-Mediations-Gesetz informiert über zentrale Aspekte der grenzüberschreitenden Mediation in Zivil- und Handelssachen in der Europäischen Union (EU-MediatG, 2011).

Im Zivilrechts-Mediations-Gesetz (ZivMediatG, BGBl I 29/2003) wurden 2004 umfassende Regelungen von Zivilrechts-Mediationen festgelegt. Das Rechtssystem europäischer Staaten wurde mit Regelungen zur Mediation und Schlichtung angereichert. Die Staaten wurden dazu angehalten, das Angebot zur Mediation flächendeckend auszubauen und die außergerichtliche Streitbeilegung zu fördern. Gerichte sollten dadurch entlastet werden (Pruckner, 2003, S. 65).

In Deutschland wurden beispielhaft die Mediationen um den Frankfurter Flughafen und der Streit zwischen Bund und TollCollect um die Autobahnmaut öffentlichkeitswirksam durchgeführt.

Lebens- und Sozialberatungsverordnung, 1994

Lebens- und Sozialberatende erfahren im Rahmen ihrer Ausbildung zum Thema „Methodik der Lebens- und Sozialberatung" unter anderem eine Einführung in spezielle Beratungsfelder wie Supervision, Selbsterfahrung, Coaching und Mediation (GewO, 1994, Anhang: I. Stundentafel, Pkt. 4).

Zivilrechts-Mediations-Ausbildungsverordnung, 2004

Die Zivilrechts-Mediations-Ausbildungsverordnung (ZivMediat-AV, 2004) regelt die Rolle der Mediator*innen und deren Qualifizierung.

Berücksichtigung von Kenntnissen und Fähigkeiten

ZivMediat-AV, 2004, § 5:

> Das nach der Anlage 1 erforderliche Ausmaß der Ausbildung vermindert sich im Einzelfall gemäß § 10 Abs. 2 ZivMediatG, soweit der Auszubildende im Rahmen seiner Ausbildung für seine sonstige berufliche Tätigkeit Kenntnisse und Fertigkeiten erworben hat, die den in der Anlage angeführten Ausbildungsinhalten entsprechen, und soweit er auf Grund dieser beruflichen Tätigkeit in der Bearbeitung und Lösung von Konflikten praktische Erfahrung gewonnen hat, die ihm bei der Ausübung der Mediation zustatten kommt.

Zivilrechts-Mediations-Gesetz, 2003

Das Zivilrechts-Mediations-Gesetz (ZivMediatG, 2003) regelt die Rolle der Mediator*innen und deren Qualifizierung.

Eintragung in die Liste für Mediator*innen

ZivMediatG, 2003, § 9:

1. Anspruch auf die Eintragung in die Liste der Mediatoren hat, wer nachweisen kann, dass er a. das 28. Lebensjahr vollendet hat, b. fachlich qualifiziert ist, c. vertrauenswürdig ist und d. eine Haftpflichtversicherung nach § 19 abgeschlossen hat.
2. Der Eintragungswerber hat in seinem Antrag anzugeben, in welchen Räumlichkeiten er die Mediation ausübt.

ZivMediatG, 2003, § 13:

(1) Wer die Voraussetzungen der Eintragung in die Liste erfüllt, ist vom Bundesminister für Justiz für die Dauer von fünf Jahren [...] einzutragen. [...].

(2) Der Mediator kann frühestens ein Jahr und spätestens drei Monate vor Ablauf der Eintragungsdauer schriftlich die Aufrechterhaltung der Eintragung für weitere zehn Jahre begehren. Er bleibt bis zur Entscheidung über den fristgerecht gestellten Antrag in die Liste eingetragen. Erneute Anträge, die Eintragung für jeweils weitere zehn Jahre aufrecht zu erhalten, sind zulässig.

(3) Im Antrag auf Aufrechterhaltung der Eintragung hat der Mediator seine Fortbildung (§ 20) darzustellen. [...].

ZivMediatG, 2003, § 10:

(1) Fachlich qualifiziert ist, wer auf Grund einer entsprechenden Ausbildung (§ 29) über Kenntnisse und Fertigkeiten der Mediation verfügt sowie mit deren rechtlichen und psychosozialen Grundlagen vertraut ist. Die Ausbildung ist tunlichst in Lehr- und Praxisveranstaltungen solcher Einrichtungen, einschließlich der Universitäten, zu absolvieren, die der Bundesminister für Justiz in die Liste der Aus-

bildungseinrichtungen und Lehrgänge für Mediation in Zivilrechtssachen eingetragen hat.

(2) Bei Beurteilung der fachlichen Qualifikation sind jene Kenntnisse und Fertigkeiten, die Angehörige bestimmter Berufe, insbesondere Psychotherapeuten, klinische Psychologen und Gesundheitspsychologen, Rechtsanwälte, Notare, Richter, Staatsanwälte, Wirtschaftstreuhänder, Ziviltechniker, Lebens- und Sozialberater, Sozialarbeiter, Unternehmensberater oder Hochschullehrer aus einem einschlägigen Fach, im Rahmen ihrer Ausbildung und ihrer Berufspraxis erworben haben und die ihnen bei Ausübung der Mediation zustatten kommen, zu berücksichtigen.

Rechte und Pflichten von Mediator*innen

ZivMediatG, 2003, § 15:

> (1) Wer in die Liste der Mediatoren eingetragen ist, ist
> 1. berechtigt, die Bezeichnung „eingetragener Mediator" zu führen;
> 2. bei Ausübung der Mediation verpflichtet, diese Bezeichnung zu führen.

ZivMediatG, 2003, § 16:

> (1) Wer selbst Partei, Parteienvertreter, Berater oder Entscheidungsorgan in einem Konflikt zwischen den Parteien ist oder gewesen ist, darf in diesem Konflikt nicht als Mediator tätig sein. Desgleichen darf ein Mediator in einem Konflikt, auf den sich die Mediation bezieht, nicht vertreten, beraten oder entscheiden. Jedoch darf er nach Beendigung der Mediation im Rahmen seiner sonstigen beruflichen Befugnisse und mit Zustimmung aller betroffenen Parteien zur Umsetzung des Mediationsergebnisses tätig sein.
>
> (2) Der Mediator darf nur mit Zustimmung der Parteien tätig werden. [...].
>
> (3) Der Mediator hat die Parteien auf einen Bedarf an Beratung, insbesondere in rechtlicher Hinsicht, der sich im Zusammenhang mit der Mediation ergibt, sowie auf die Form hinzuweisen, in der sie das Ergebnis der Mediation fassen müssen, um die Umsetzung sicherzustellen.

ZivMediatG, 2003, § 17:

> (1) Der Mediator hat den Beginn, die Umstände [...], sowie das Ende der Mediation zu dokumentieren. Als Beginn der Mediation gilt der Zeitpunkt, zu dem die Parteien übereingekommen sind, den Konflikt durch Mediation zu lösen.

Die Mediation endet, wenn eine der Parteien oder der Mediator erklärt, sie nicht mehr fortsetzen zu wollen, oder ein Ergebnis erzielt wurde.

(2) Auf Verlangen der Parteien hat der Mediator das Ergebnis der Mediation sowie die zu dessen Umsetzung erforderlichen Schritte schriftlich festzuhalten.

(3) Der Mediator hat seine Aufzeichnungen mindestens sieben Jahre nach Beendigung der Mediation aufzubewahren. Auf Verlangen der Parteien hat er diesen eine Gleichschrift der Aufzeichnungen auszufolgen.

ZivMediatG, 2003, § 18:

Der Mediator ist zur Verschwiegenheit über die Tatsachen verpflichtet, die ihm im Rahmen der Mediation anvertraut oder sonst bekannt wurden. Er hat die im Rahmen der Mediation erstellten oder ihm übergebenen Unterlagen vertraulich zu behandeln. Gleiches gilt für Hilfspersonen des Mediators sowie für Personen, die im Rahmen einer Praxisausbildung bei einem Mediator unter dessen Anleitung tätig sind.

ZivMediatG, 2003, § 20:

Der Mediator hat sich angemessen, zumindest im Ausmaß von fünfzig Stunden innerhalb eines Zeitraums von fünf Jahren, fortzubilden und dies dem Bundesminister für Justiz alle fünf Jahre nachzuweisen. Endet dieser Zeitraum vor dem 1. Jänner 2021, so wird er bis zum 31. Dezember 2021 verlängert.

Ausbildungsinhalte

ZivMediatG, 2003, § 29:

(1) Der Bundesminister für Justiz hat [...] nähere Bestimmungen über die Ausbildung für Mediatoren festzulegen. Dabei können die Ausbildungsinhalte nach Fachbereichen unterschiedlich festgesetzt werden.

(2) Der theoretische Teil der Ausbildung ist, aufgegliedert nach einzelnen Ausbildungsinhalten, mit 200 bis 300, der anwendungsorientierte Teil mit 100 bis 200 Ausbildungseinheiten festzulegen. Es haben insbesondere zu umfassen:

1. *der theoretische Teil*:

a) eine Einführung in die Problemgeschichte und Entwicklung der Mediation, einschließlich deren Grundannahmen und Leitbilder;

b) Verfahrensablauf, Methoden und Phasen der Mediation unter besonderer Berücksichtigung verhandlungs- und lösungsorientierter Ansätze;

c) Grundlagen der Kommunikation, insbesondere der Kommunikations-, Frage- und Verhandlungstechniken, der Gesprächsführung und Moderation unter besonderer Berücksichtigung von Konfliktsituationen;

d) Konfliktanalysen;

e) Anwendungsgebiete der Mediation;

f) Persönlichkeitstheorien und psychosoziale Interventionsformen;

g) ethische Fragen der Mediation, insbesondere der Position des Mediators;

h) rechtliche, insbesondere zivilrechtliche, Fragen der Mediation sowie Rechtsfragen von Konflikten, die für eine Mediation besonders in Betracht kommen.

2. *der anwendungsorientierte Teil:*

a) Einzelselbsterfahrung und Praxisseminare zur Übung in Techniken der Mediation unter Anwendung von Rollenspielen, Simulation und Reflexion;

b) Peergruppenarbeit;

c) Fallarbeit und begleitende Teilnahme an der Praxissupervision im Bereich der Mediation.

(3) Die für einen Beruf erforderliche Ausbildung und die bei dessen Ausübung typischerweise erworbene Praxis ist angemessen zu berücksichtigen (§ 10).

Ausbildungswege innerhalb der Mediation

Folgende Qualifikationen können im Fachbereich Mediation erworben werden:

- ◊ Zertifizierte*r Mediator*in (Dauer: 3 Semester berufsbegleitend),
- ◊ Upgrade „Akademische*r Mediator*in (Dauer: 1 Semester / meistens verschränkt mit dem Masterprogramm),
- ◊ Masterprogramm M.Sc. (Dauer: 1 Semester).

Das Masterstudium ist auch ohne Matura möglich. Optional kann a) eine Studienzulassungsprüfung absolviert werden, b) können vergleichbare Qualifikationen einer Gleichwertigkeitsprüfung unterzogen und eine Aufnahmeprüfung absolviert werden.

Einsatzbereiche der Mediation

Mediation wird in unterschiedlichen Lebensbereichen und Ausprägungen praktiziert: bei Mietstreitigkeiten, bei politischen, interkulturellen, familienrechtlichen Auseinandersetzungen, insbesondere bei streitigen Ehescheidungen, bei Fragen zur Obsorge und zum Kindesunterhalt, in der Schule, bei Umweltfragen, in der Stadtentwicklung und bei Konflikten öffentliche Bauprojekte betreffend. Ferner werden Konflikte im Hinblick auf Erb- und Gesellschaftsrecht bearbeitet. Es gibt beispielsweise Paar-, Scheidungs-, Erb-, Schul- und Wirtschaftsmediation. Mediator*innen können in eigener Praxis oder in einem Angestelltenverhältnis tätig sein.

Österr. Bundesverband für Mediation: Angebote

Der Österreichische Bundesverband für Mediation (ÖBM) bietet Mediationen in den Bereichen Familie, Gesundheit und Soziales, Nachbarschaft, im interkulturellen und öffentlichen Bereich, in der Schule, Bildung und Wirtschaft an.

Im Bereich der Schulmediation kommt die „Peer-Mediation" zum Einsatz. „Peers" (engl.) sind Gleichaltrige, Kolleg*innen und Mitschüler*innen. Hierbei treten ausgebildete Schüler*innen selbst als Streitschlichtende auf. Aufgrund der Zugehörigkeit zur selben Gruppe, der „Peer-Group", ist die Vertrauensbasis stärker, wodurch das Kommunizieren von Problemen leichter fällt und Konflikte rascher gelöst werden können. Das Ziel liegt darin, dass sich die Jugendlichen selbst als Teil der Lösung verstehen. Nicht zuletzt bedarf es besonders im Hinblick auf Schulentwicklungsprozesse und strukturelle Verbesserungen der Einhaltung bestimmter Qualitätsstandards. Hierfür qualifizierte Personen, eingetragene Mediator*innen und Pädagog*innen, „Peer-Coaches", bilden

Schüler*innen zu Peer-Mediator*innen, „Peers", aus (ÖBM, o. J.a, o. S.).

Geförderte Familienmediation

Förderungswürdigkeit

In Österreich ist im Ehe-Gesetz und im Familienlastenausgleichsgesetz (FLAG) die geförderte Scheidungsmediation unter gewissen Voraussetzungen geregelt. Sie wird beispielhaft zu den Themen Vermögensaufteilung, Obsorge, Unterhalt und Besuchsrecht zum Kind/zu den Kindern durchgeführt. Nur jene Mediator*innen kommen infrage, die in der Liste des Bundesministeriums für Familien und Jugend (BMFJ) eingetragen sind.

Kosten

Die Höhe der Förderung richtet sich nach dem aktuellen Familieneinkommen. Vorzulegen sind eine Gehalts- bzw. Lohnbestätigung aus dem letzten Monat vor Beginn der Mediation, Einkommensnachweise, soziale Bezüge wie Arbeitslosenunterstützung oder Notstandshilfe und die Anzahl der unterhaltspflichtigen Kinder. Die Mediator*innen errechnen die Höhe des Selbstbehalts pro Mediationsstunde. Die FLAG-Mediation ist zügig und in 14-tägigen Abständen durchzuführen. Gefördert werden höchstens 12 Stunden.

*Mediator*innen und Vereine des BMFJ*

Die FLAG-Mediation wird jeweils von zwei Mediator*innen durchgeführt, wobei eine Mediatorin/ein Mediator eine psychosoziale Ausbildung haben muss, z. B. Sozialarbeiter*in, Psychotherapeut*in, und die andere Mediatorin/der andere Mediator eine juristische Ausbildung wie Rechtsanwältin/Rechtsanwalt, Richter*in. Den Zuschuss vom Ministerium wickeln die Mediator*innen mit den Vereinen und dem BMFJ ab. Die Namen und Adressen der Familienmediator*innen, geförderte Vereine und aktuelle Tarifsätze finden Sie auf der Website des Bundesministeriums für Familien und Jugend (o. J., o. S.). Eine Förderung kann nur in Anspruch genommen werden, wenn die Mediation mit Mediator*innen durchgeführt wird, die in der Liste des BMFJ aufscheinen. Die von den Mediator*innen zu erbringenden Qualifikationen und sonstigen Bestimmungen zur geförderten Familienmediaton sind in den „Richtlinien zur Förderung der Mediation" näher definiert (BMFJ, o. J., o. S.).

Regionale Förderungen

Weiters gibt es in Österreich einige andere Förderungen für Mediation, die sich auf konkrete Projekte oder Anwendungsbereiche der Mediation beziehen und sich je nach Bundesland, Gemeinde oder Bezirk als Fördergeber unterscheiden (ÖBM, o. J.a, o. S.).

Mediation in der Behindertengleichstellung

Im Falle eines Diskriminierungsverdachts können Menschen mit Behinderungen, deren Angehörige und sonstige Beteiligte beim Bundesamt für Soziales und Behindertenwesen (o. J.) und dort beim Sozialministeriumservice im Rahmen einer Schlichtung einen Antrag auf Mediation stellen. Für die Parteien fallen keinerlei Kosten an. Mediator*innen zugunsten der Behindertengleichstellung finden sich im „Mediator*innen-Verzeichnis" des ÖBM (o. J.b, o. S.).

Fünf Phasen der Mediation

In der Mediation gibt es keinen starren förmlichen Charakter, jedoch eine grobe Struktur. Von den meisten Autor*innen werden fünf Phasen unterschieden. Folgendes ist vorzubereiten:

- ◊ ein ungestörtes Raumsetting,
- ◊ Pinnwände,
- ◊ Flipcharts,
- ◊ Plakatstifte,
- ◊ Moderationskarten in verschiedenen Größen, Farben und Formen,
- ◊ Pinnadeln,
- ◊ selbstklebende farbige Punkte,
- ◊ Notizblöcke und Schreibzeug.

I. Einleitungs- bzw. Vorbereitungsphase

In der Einleitungs- bzw. Vorbereitungsphase trifft sich die Mediatorin/der Mediator erstmals mit den Parteien. Zunächst wird die Mediationstauglichkeit des Falls geklärt. Die Rolle der Mediatorin/des Mediators und die der Mediand*innen, ebenso der Ablauf der Mediation, werden dargelegt. Weiters wird geklärt, welche Erwartungen die Parteien haben und wer an der Mediation teilnehmen soll. Die Mediand*innen bekommen einen Überblick über die voraussichtlich entstehenden Kosten.

Darüber hinaus wirken Kommunikationsregeln Eskalationen entgegen, weil die Parteien ihren Gefühlen nicht uneingeschränkt freien Lauf lassen können. Gesprächsregeln werden vereinbart, auf ein Plakat notiert und für alle sichtbar platziert.

Diese lauten beispielsweise:

- ◊ ausreden lassen,
- ◊ von sich selbst reden,
- ◊ bei Vorwürfen sofort unterbrechen,
- ◊ Gesagtes wiedergeben,
- ◊ Gedanken aufschreiben
- ◊ usw.

Die Parteien können Fragen zum Ablauf stellen und sollen prüfen, ob die Gesprächsregeln für sie annehmbar sind. Danach wird üblicherweise ein Mediationsvertrag (MV) als Arbeitsvereinbarung und als Grundlage für die weitere Zusammenarbeit geschlossen. Erfahrungsgemäß erhöht sich dadurch die Transparenz und Verbindlichkeit während der Durchführung der Mediation. Folgendes wird beispielhaft im MV geregelt: der zeitliche Beginn der Mediation, die Dauer der Sitzungen, die Kosten und die Zahlungsmodalitäten, die Konsequenzen von Absagen und Terminversäumnissen und die Vertraulichkeit. Die zu erarbeitenden Themen werden ebenfalls festgelegt. Manche Vertragsinhalte sind nicht zwingend, dennoch empfehlenswert, etwa die Auflistung von Kommunikationsregeln. Im Rahmen der ersten Mediationsstunde wird nochmals auf die vereinbarten Regeln verwiesen.

II. Informationsphase: Bestandsaufnahme und Themensammlung

In Konfliktsituationen werden Informationen häufig deswegen zurückgehalten, um der anderen Partei keine weiteren Angriffsflächen zu bieten, was Misstrauen anstelle einer offenen Kommunikation begünstigt. Die Informationsphase, auch „Phase der Bestandsaufnahme" oder „Phase der Themensammlung" genannt, dient der Darlegung der Sach- und/oder Rechtslage aus Sicht der Parteien bzw. der Rechtsbeistände. Wenn Rechtsanwält*innen an der Mediation teilnehmen, sollten immer auch die Parteien zu Wort kommen, weil nicht nur rechtliche oder wirtschaftliche Interessen, sondern auch die Erhellung von emotionalen Bedürfnissen bedeutsam ist.

Jede Partei darf sagen, was ihr auf dem Herzen liegt. Jede*r darf ausreden, ohne dabei unterbrochen zu werden. Die Mediatorin/der Mediator macht sich währenddessen Notizen. Danach fasst sie*er das Gehörte in den eigenen Worten zusammen. Die Richtigkeit der Zusammenfassung wird überprüft: „Habe ich Ihre Darlegungen richtig zusammengefasst?" Wenn die Partei die Richtigkeit bestätigt, wird das Gesagte auf einem Plakat notiert.

Nur Sachaspekte und keine Bewertungen werden festgehalten. Die andere Partei wird dazu aufgefordert, zuzuhören, ohne zu unterbrechen. Danach wird ihr das Wort übergeben.

Zielsetzungen:

◊ Die Parteien hören die Schilderung des Sachverhalts aus der jeweils anderen Perspektive.
◊ Missverständnisse zwischen den Parteien sollen einer Klärung zugeführt werden.
◊ Emotionen dürfen zum Ausdruck gebracht werden.
◊ Die Brückenkommunikation der Parteien soll über die Mediatorin/den Mediator in Gang gesetzt werden.
◊ Die Mediator*innen selbst sollen die Sachverhalte verstehen.

Techniken:

◊ offene und vertiefende Fragen,
◊ Paraphrasen,
◊ Visualisieren wesentlicher Informationen des Sachverhalts.

Sammlung und Visualisierung der Konfliktthemen und Informationen

Sowohl die Themen als auch die Informationen werden auf ein Plakat geschrieben, um einen guten Überblick über die Konfliktfelder zu bekommen. Regelmäßig münden diese ersten Ausführungen in miteinander unvereinbare Positionen der Parteien. In diesem Punkt unterscheidet sich eine Mediation stark von einem Gerichtsverfahren. Bei einem solchen würden die Parteien versuchen, die Richterin/den Richter von ihrem Standpunkt zu überzeugen. Mediator*innen verhindern genau das. Stattdessen lenken sie das Augenmerk der Parteien auf die hinter den Positionen stehenden Interessen.

III. Interessensphase: Verständnis und Konflikterhellung

Die dritte Phase dient der Klärung von Interessen. Jede*r sollte die*den anderen besser verstehen und auch selbst besser verstanden werden. Die hinter den Schuldzuweisungen und/oder rechtlichen Positionen verborgenen materiellen und immateriellen Interessen der Parteien werden in der Interessensphase erforscht und geklärt.

Mediator*in:

- ◊ *„Mich interessiert, welche Motive, Bedürfnisse und Erwartungen hinter den Problemen stehen. Was ist Ihnen wirklich wichtig?"*
- ◊ *Worauf kommt es Ihnen wirklich an?"*
- ◊ *„Welche Wünsche haben Sie?"*
- ◊ *„Welches Interesse gibt es an einem bestimmten Ergebnis?"*
- ◊ *„Was will die/der Einzelne für sich und/oder für andere erreichen und wozu?"*
- ◊ *„Welche Emotionen sind mit dem Konflikt verbunden?"*
- ◊ *„Was wäre die optimale Lösung?"*

◊ *„Welche Erwartungen werden an andere gestellt?"*
◊ *„Was wird geschehen, wenn bestimmte Ziele nicht erreicht werden?"*

Technik:

◊ Jede Partei bekommt fünf Moderationskarten und genügend Zeit, um sich darauf stichwortartig Notizen zu machen, z. B.: „Respektvoller Umgang", „Einbindung in wichtige Entscheidungen", „Schuldenfreiheit", „Kompetenzklärung", „faire Aufgabenverteilung", „Zeitplan" usw.
◊ Die Parteien pinnen die Karten auf ein Plakat und erklären, was sie aufgeschrieben haben.
◊ Die Interessen werden von den Parteien nach Prioritäten gereiht. Die einleitende Frage der Mediatorin/des Mediators könnte lauten: *„Was ist mir wichtiger als etwas anderes?"* Jede Partei bekommt hierfür zehn selbstklebende Punkte. In einem weiteren Schritt werden die jeweils vorrangigen Interessen von den Parteien oben auf das Plakat gepinnt, die nachgereihten Interessen weiter unten. Die/der Mediator*in erläutert zusammenfassend die Prioritätensetzung der beiden Parteien. Danach wird nach Gemeinsamkeiten und Unterschieden Ausschau gehalten. Zusätzlich können diese noch mit Verbindungslinien besser dargestellt werden.

Nach diesem Prozess tritt erfahrungsgemäß bereits eine gewisse Entspannung ein, die es nun möglich erscheinen lässt, nach Lösungsoptionen zu suchen und in Phase IV überzugehen. Überdies kristallisieren sich zentrale Probleme heraus.

In dieser Phase zeigt sich ein deutlicher Unterschied zwischen einer Mediation von einem streitigen Verfahren. Vor Gericht sagen die Parteien nur, *was* sie erreichen wollen, und nicht, *worum* es ihnen eigentlich geht. Alle Interessen werden offengelegt und nicht verheimlicht. Die Aufdeckung eigener Interessen könnte vor Gericht einen Nachteil bewirken, nicht jedoch in einer Mediation. Einzelgespräche werden dann geführt, wenn die Parteien den Kontrahent*innen keine Informationen zukommen lassen wollen. Die Mediatorin/der Mediator achtet darauf, dass die gewonnenen Informationen vertraulich behandelt werden und sie*er gibt nur dann welche preis, wenn ihr*ihm dies von den Mediand*innen gestattet wurde.

Ziele:

- Die Parteien sollen erkennen, worum es ihnen selbst und worum es der anderen Partei wirklich geht.
- Der Kanalisierung auf einige wenige bestimmte Verhandlungspositionen soll Einhalt geboten werden; stattdessen wird die Vielfalt an Interessen aufgegriffen und wertgeschätzt.
- Die Prioritäten sollen deutlich werden.
- Jene Bereiche, in denen Kompromisse möglich sind, sollen sich zunehmend klarer herausschälen.

Techniken:

- offene und vertiefende Fragen,
- die Parteien beschreiben Moderationskarten und pinnen diese auf ein Plakat; erstmals arbeiten die Parteien wieder zusammen,
- paraphrasieren,
- visualisieren.

Nach Abschluss der Phase III ist das Baumaterial für eine Konfliktlösung vorhanden, ebenso steht fest, in welcher Abfolge die Themen behandelt werden.

IV. Optionen suchen

Meistens sehen die Parteien nur einen Lösungsweg, den sie auch für den einzig richtigen und umsetzbaren halten. Die vierte Phase ist von Kreativität statt Anspruchsdenken geprägt, damit die Lösungen gefunden werden, die die Interessen der Parteien auch wirklich befriedigen.

Phase IV besteht aus zwei Schritten:

Ideensammlung:
Im ersten Schritt werden alle denk- und vorstellbaren Lösungen der Parteien gesammelt. In dieser Brainstorming-Phase werden zukunftsweisende Lösungsansätze gesucht, abseits des Vergangenen, gemäß dem Motto: „Die Vergangenheit ist bekannt, nicht jedoch die Zukunft." Zunächst soll auf Umsetzbarkeit und Praktikabilität noch keine Rücksicht genommen werden, um den kreativen Gedankenstrom nicht zu unterbrechen, weshalb auch die entferntesten Ideen willkommen sind. Wichtig ist, auf eine Bewertung der einzelnen Vorschläge zunächst zu verzichten. Mediator*innen achten daher auf die klare Trennung von Ideensammlung und -bewertung. Erfahrungsgemäß sind die zu Mediierenden oftmals darüber erstaunt, welche Lösungswege sich eröffnen und dass auch die seltsam anmutenden Ideen bemerkenswerte Ansätze beinhalten.

Bewertung und Priorisierung:
Wenn keine weiteren Ideen mehr von den Parteien eingebracht werden, beginnt der zweite Schritt von Phase IV, das ist die Bewertung derselben. Folgend werden Themenkreise identifiziert. Irreale Ideen werden eliminiert. Die verbleibenden Optionen werden dahingehend geprüft, inwieweit sie den Interessen *aller* Beteiligten gerecht werden und real umsetzbar sind. In weiterer Folge werden die Optionen nach Priorität gereiht. Es empfiehlt sich, mit jenen Themen zu

beginnen, die am ehesten einer Lösung zugeführt werden können. Das Ziel lautet: „Jeder*jedem soll so viel gegeben und so wenig genommen werden wie möglich". Es ist wichtig, dass jedem Thema dieselbe hohe Aufmerksamkeit geschenkt wird. Am Ende dieser Phase paraphrasiert die Mediatorin/der Mediator die Ergebnisse und würdigt auch noch so kleine Erfolge der Einigung.

V. Einigungs- und Lösungsphase

„Wer was gelten will, muss andere gelten lassen."
(Johann Wolfgang von Goethe)

In Phase V und im Erfolgsfall werden jene Optionen ausgewählt, die am ehesten für eine Abschlussvereinbarung zwischen den Parteien infrage kommen. Die Vereinbarung wird schriftlich verfasst. Es werden „Nägel mit Köpfen" gemacht. Danach folgt das Überdenken und Überprüfen der Abschlussvereinbarung. Bei rechtlich komplexen Fällen wird die Abschlussvereinbarung eventuell den Rechtsanwält*innen zur Prüfung übergeben. Weiters wird ein Vertrag geschlossen und dessen Durchsetzbarkeit gesichert. Für den Fall des Scheiterns muss schon im Mediationsvertrag Vorsorge getroffen werden, insbesondere dahingehend, dass die Vertraulichkeit auch dann gewahrt wird, wenn es zu einem Prozess kommt. Wenn keine Bedenken gegen die Abschlussvereinbarung mehr bestehen, kann diese unterzeichnet, ggfs. auch notariell beurkundet[2] werden, sodass sie auch vollstreckt werden kann (Haft, 2000, S. 246–248).

---

[2] Im Falle von Immobilien oder wenn Anteile von Gesellschaften betroffen sind.

Abschließend kann mithilfe eines Stimmungsbarometers der Mediationsprozess und die Abschlussvereinbarung von den Mediand*innen bewertet werden. Die Mediatorin/der Mediator rundet den Prozess wertschätzend und mit einem Ausblick in die Zukunft ab.

Rolle der Mediator*innen

„Damit das Mögliche entsteht,
muss immer wieder das Unmögliche versucht werden."
(Hermann Hesse in Lindenberg, 2008, S. 26).)

Es gibt ebenso viele Formen und Stile der Mediation wie es Mediator*innen gibt. Während beispielsweise die einen, sofern juristisch geschult, eine (grobe) Bewertung der Fakten oder Rechtsfragen abgeben, beschränken sich andere ausschließlich auf die moderierende Verhandlungsführung. Nachstehende Strukturprinzipien sind seitens der Mediator*innen allenfalls einzuhalten:

- ◊ Alle Informationen werden vertraulich behandelt. Mediator*innen sind gemäß ZivMediatG (2003, § 18) zur Verschwiegenheit über alle ihnen anvertrauten Informationen verpflichtet.
- ◊ Jede Phase im Ablauf einer Mediation ist gleich wichtig. Keine darf übersprungen werden!
- ◊ Mediator*innen bleiben in jeder Phase des Gesprächs respektvoll und höflich, weisen ggfs. auf die im MV definierten Regeln der Zusammenarbeit hin. Beispiel: *„Ich wäre Ihnen dankbar, wenn Sie nun auch Herrn X ausreden lassen, damit auch er seine Sichtweise darlegen kann. Das Thema, das Sie soeben angesprochen haben, werden wir nachher besprechen. Sind Sie damit einverstanden?"*
- ◊ Mediator*innen wählen ein eher langsames Gesprächstempo und einen ruhigen Tonfall, um emotionale Beruhigung zu erwirken.

- Mediator*innen hören aktiv zu und fassen lange Gesprächspassagen zusammen.
- Mediator*innen unterstützen durch gezielte Fragen den gegenseitigen Verstehensprozess.
- Mediator*innen führen feinfühlig von der emotionalen Ebene zur fachlichen Ebene zurück. Sie behalten den „roten Faden" im Auge.
- Vor Gericht haben Mediator*innen gemäß der österreichischen Zivilprozessordnung (ZPO, 2003, § 320) ein Zeugnisverweigerungsrecht. Die Möglichkeit, eingetragene Mediator*innen von der Verschwiegenheitspflicht durch die Parteien zu „entbinden", ist im Zivilprozess nicht vorgesehen. Daher dürfen eingetragene Mediator*innen nicht befragt werden (Schuster, 2019, S. 56).
- Während Rechtsanwältinnen/Rechtsanwälte Parteiinteressen vertreten, sind Mediator*innen zur Unparteilichkeit verpflichtet. Sie sind in der Lage, das Vertrauen beider Parteien zu erwerben. Vertrauen baut sich nicht durch Sympathiebekundungen, sondern durch eine faire Verhandlungsweise auf. Die Rolle der Mediator*innen ist eine neutrale. Sie setzen sich für gute Lösungen ein, ohne eigene Bewertungen oder Lösungsvorschläge abzugeben (Haft, 2000, S. 245, 248).
- Mediator*innen halten Ausschau nach den gemeinsamen und auch unterschiedlichen Interessen, die für eine Lösung nutzbar gemacht werden können (ebd., S. 250). Dabei versuchen sie, kreative Denk- und Gestaltungsprozesse zu initiieren.
- Mediator*innen versuchen, den Gesprächsfaden zwischen den Parteien zu knüpfen sowie die Kommunikation und das gegenseitige Verständnis der Parteien zu verbessern. Anmerkung: Eine der Hauptursachen für eine Eskalation liegt im Rückgang bzw. im Abbruch der Kommunikation. Mediand*innen haben vielleicht schon Monate nicht mehr miteinander gesprochen und kennen

die Sichtweisen der anderen Partei daher nur fragmentarisch oder nicht.

- ◊ Mediator*innen tragen die Verantwortung für den Verlauf von Verhandlungen. Ihnen obliegt die Prozess-, nicht die Ergebnisverantwortung.
- ◊ Sollte eine Rechtsanwältin/ein Rechtsanwalt mediativ tätig werden, leistet sie*er keine umfassende Rechtsberatung, sondern erteilt höchstens allgemeine rechtliche Auskünfte.
- ◊ Anders als bei einer Richterin/einem Richter oder bei einer Schiedsrichterin/einem Schiedsrichter ist die Mediatorin/der Mediator nicht dazu berechtigt, den Parteien eine Entscheidung aufzuerlegen. Sie*er ist keine Autorität, sondern Dienstleister*in. Der Ausgang des Verfahrens wird durch die Parteien bestimmt, die freiwillig, eigenverantwortlich und autonom handeln (Haft, 2000, S. 244). Der Begriff „Vermittlung" sollte gemieden werden, weil die Schlichterin/der Schlichter implizit auf ihre*seine Entscheidungsgewalt verweist.
- ◊ Mediator*innen bestehen auf klaren Vereinbarungen.

Rolle der Mediand*innen

„Streitende sollten wissen, dass nie einer ganz recht hat und der andere ganz unrecht"
(Kurt Tucholsky).

- ◊ Es liegt an den Mediand*innen, ob sie die Voraussetzungen für eine nachhaltige Einigung aufbringen wollen. Diese lauten Dialogbereitschaft, Wahrhaftigkeit und Offenlegung relevanter Informationen.
- ◊ Die Lösungsfindung liegt in der Eigenverantwortung der Mediand*innen. Sie sind die Expert*innen für den Konflikt und somit auch für die Lösung.

◊ Die Teilnehmenden können die Mediation zu jedem Zeitpunkt und ohne Begründung beenden.

Tools für die Praxis

„Wenn man als Werkzeug nur einen Hammer hat, sieht jedes Problem wie ein Nagel aus."
(Paul Watzlawick, 1983, S., 37)

Folgend werden einige Anregungen für die praktische Durchführung einer Mediation in den verschiedenen Phasen gegeben.

Einleitungsphase:

◊ Das Einfühlungsvermögen stärken: Eine Partei fühlt sich in die Situation der jeweils anderen Partei ein und beschreibt die Situation aus deren Perspektive.
◊ Vertrauensübung: Ein*e Mediand*in lässt sich mit verbundenen Augen von der zweiten Mediandin/vom zweiten Medianden führen.
◊ Tools zur Komplexitätsbewältigung, z. B. bei einer Mediation in Organisationen, bei vielschichtigen Problemlagen Bsp.: Das Zusammenwirken der Teammitglieder gemeinsam als Landschaft zeichnen. Dadurch wird der Lösungsfindungsprozess ganzheitlich gestaltet, nicht nur die Sachverhalte, sondern auch die mehrdimensionalen Bedürfnisse von Menschen treten (wieder) in den Vordergrund

Informationsphase:

◊ Moderationskarten
◊ Mindmap

Interessensphase:

- ◊ Gefühle, Prozessverläufe usw. kreativ und gemeinsam darstellen, z. B. durch Malen,
- ◊ Pantomime, körpersprachliche Ausdrucksübungen,
- ◊ gemeinsam eine schwierige Aufgabe lösen, z. B. einen Gegenstand balancieren,
- ◊ Symbolarbeit, z. B. mit Tier- oder Märchenfiguren,
- ◊ Aufstellungsarbeit, z. B. mit dem Aufstellungsbrett

Lösungsphase:

- ◊ Zukunftsbilder entwerfen, z. B. Imaginationstechniken,
- ◊ Assoziationstechniken, z. B. Brainstorming, Brainwriting, Mind-Map,
- ◊ Techniken der systemischen Ideensuche, z. B. Osborn-Checkliste; das Ziel liegt im systematischen Hinterfragen einer bestehenden Lösung (Boysen, 2013, S. 169–179; Nöllke, 2015, S. 87–90),
- ◊ Bild- und Analogietechniken, z. B. Bisoziation; Begriffe aus zwei zuvor nicht im Zusammenhang stehenden „Denk-Dimensionen" werden miteinander verknüpft, um neue Ideen zu entwickeln (Nöllke, 2015, S. 69–72),
- ◊ Reizwortanalyse (Nöllke, 2015, S. 91–92).

Zum Abschluss sind Sie, geschätzte Lesende, dazu eingeladen, Ihren Konflikttypus, die inneren Antreiber und deren Wirkkraft zu bestimmen.

Fragebogen zu den Konflikttypen

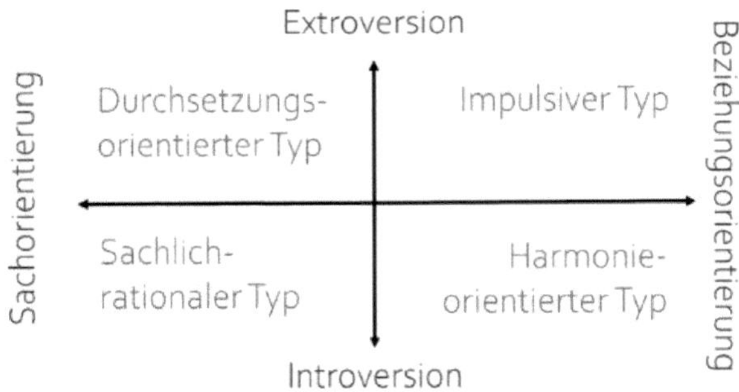

Abbildung: 4 Grundtypen im Umgang mit Konflikten. In Anlehnung an Weh & Enaux, 2008, S. 90.

Das Modell der vier Grundtypen beruht auf der Annahme, dass sich Menschen hinsichtlich ihrer Persönlichkeit in „Persönlichkeits- oder Konflikttypen" einordnen lassen. Zwei Dimensionen bzw. Extreme bilden wesentliche Unterschiede: die Extraversion bzw. Introversion und die Sach- oder Beziehungsorientierung.

Dieser Test ermöglicht Ihnen, sich selbst auf Grundlage des erhaltenen Feedbacks einzuschätzen. Selbstverständlich können Sie den Test auch ohne das Feedback anderer verwenden. In diesem Fall sollten Sie sich die Frage stellen: *„Was glaube ich, wie ich auf andere wirke?"*

Bitte kreuzen Sie pro Zeile/pro Frage diejenige Verhaltensweise an, die Ihre „typischen" oder häufigsten Verhaltensweisen am besten beschreiben. Addieren Sie anschließend die Anzahl der ausgewählten Antworten pro Spalte und tragen Sie diese in der letzten Zeile, „Summe", ein. In der Regel werden Sie feststellen, dass sich Ihre Punktwerte und damit Ihre Verhaltenspräferenzen durchaus auf mehrere Typen verteilen. Die meisten Menschen besitzen eine vorherrschende Typologie oder zwei.

Wenn ich spreche, wirke ich auf andere ...			
☐ selbstbewusst	☐ laut	☐ verhalten	☐ emotionslos
Wenn ich anderen zuhöre, verhalte ich mich ...			
☐ eher ungeduldig, unterbreche andere	☐ freundlich, optimistisch; ich unterbreche oft, bringe immer wieder eigene Beiträge ein	☐ ruhig und ich bin ein geduldiger Zuhörer	☐ als guter Zuhörer und gebe diplomatische Antworten

Wenn ich Fragen stelle, geht es ...			
☐ hauptsächlich um das Wesentliche	☐ oft um eigene und um die Gefühle anderer	☐ meistens um „Wie"-Fragen	☐ meistens um weitere bzw. tiefer gehende Informationen
Bei längeren Besprechungen diskutiere ich ...			
☐ ausdauernd und hart	☐ lebhaft und emotional	☐ ausgleichend und entgegenkommend	☐ diszipliniert und sorgfältig
Mit anderen spreche ich meist ...			
☐ knapp und entschlossen	☐ offen, temperamentvoll und unbeschwert	☐ ausgeglichen und rücksichtsvoll	☐ diplomatisch und sorgfältig
Wenn ich meine eigene Gestik und Körpersprache beachte, stelle ich fest, dass ich ...			
☐ mich viel bewege	☐ viel mit den Händen gestikuliere	☐ freundlichen Augenkontakt halte	☐ in meiner Ausdrucksweise eher zurückhaltend bin

<table>
<tr><td colspan="4">Im Umgang mit anderen …</td></tr>
<tr><td>☐ versuche ich, die Führung zu übernehmen oder das Sagen zu haben</td><td>☐ bringe ich meine Gefühle offen zum Ausdruck und finde schnell Kontakt</td><td>☐ bin ich sehr freundlich und nett</td><td>☐ beobachte ich viel und höre zu, ohne die anderen zu unterbrechen</td></tr>
<tr><td colspan="4">Wenn ich mit Schwierigkeiten konfrontiert werde, reagiere ich …</td></tr>
<tr><td>☐ unter Umständen schnell und suche nach Schuldigen</td><td>☐ extrovertiert und will wissen, ob etwas davon auf mich zurückfallen könnte</td><td>☐ unsicher und ich versuche, wieder eine stabile Situation herzustellen</td><td>☐ ängstlich und versuche, die Auswirkungen der Probleme zu analysieren</td></tr>
<tr><td colspan="4">Wenn ich über Menschen/Ereignisse befragt werde, verhalte ich mich …</td></tr>
<tr><td>☐ unruhig</td><td>☐ begeistert</td><td>☐ entspannt</td><td>☐ distanziert</td></tr>
</table>

Wenn auf mich neue Aufgaben zukommen, dann			
☐ komme ich rasch zu einer Lösung	☐ bevorzuge ich spontane Lösungen	☐ bin ich sehr kooperativ	☐ bin ich eher vorsichtig und versuche, die Situation zu analysieren
Summe: __	**Summe: __**	**Summe: __**	**Summe: __**
durchsetzungsorientierter Typ	impulsiver Typ	harmonieorientierter Typ	sachlich-rationaler Typ

(Weh & Enaux, 2008, S. 98–99)

Fragebogen zu den Antreibern

Antreiber fungieren wie „innere Stimmen", die Personen zu bestimmten Handlungen drängen, unabhängig davon, ob diese in der konkreten Situation zweckmäßig und zielführend sind oder nicht. Beantworten Sie die gelisteten Aussagen mithilfe der Bewertungsskala (1–5), so wie Sie sich im Moment in Ihrer Berufswelt selbst erleben. Die Aussage trifft auf mich zu: voll und ganz = 5, gut = 4, etwas = 3, kaum = 2, gar nicht = 1.

1.	Wann immer ich eine Arbeit mache, mache ich sie gründlich.	
2.	Ich fühle mich verantwortlich dafür, dass diejenigen, die mit mir zu tun haben, sich wohlfühlen.	
3.	Ich bin ständig auf Trab.	
4.	Anderen gegenüber zeige ich meine Schwächen nicht gern.	
5.	Wenn ich raste, roste ich.	
6.	Häufig gebrauche ich den Satz: *„Es ist schwierig, etwas so genau zu sagen."*	
7.	Ich sage oft mehr, als eigentlich nötig wäre.	
8.	Ich habe Mühe, Leute zu akzeptieren, die nicht genau sind.	
9.	Es fällt mir schwer, Gefühle zu zeigen.	
10.	*„Nur nicht lockerlassen"*, lautet meine Devise.	
11.	Wenn ich eine Meinung äußere, begründe ich sie auch.	
12.	Wenn ich einen Wunsch habe, erfülle ich ihn mir schnell.	
13.	Ich liefere einen Bericht erst ab, wenn ich ihn mehrere Male überarbeitet habe.	
14.	Leute, die „herumtrödeln", regen mich auf.	

15.	Es ist für mich wichtig, von den anderen akzeptiert zu werden.	
16.	Ich habe eher einen weichen Kern als eine harte Schale.	
17.	Ich versuche oft, herauszufinden, was andere von mir erwarten, um mich danach zu richten.	
18.	Leute, die unbekümmert in den Tag hineinleben, kann ich nur schwer verstehen.	
19.	Bei Diskussionen unterbreche ich die anderen oft.	
20.	Ich löse meine Probleme selbst.	
21.	Aufgaben erledige ich möglichst rasch.	
22.	Im Umgang mit anderen bin ich auf Distanz bedacht.	
23.	Ich sollte viele Aufgaben noch besser erledigen.	
24.	Ich kümmere mich persönlich auch um nebensächliche Dinge.	
25.	Erfolge fallen nicht vom Himmel; ich muss sie hart erarbeiten.	
26.	Für dumme Fehler habe ich wenig Verständnis.	
27.	Ich schätze es, wenn andere auf meine Fragen rasch und bündig antworten.	
28.	Es ist mir wichtig, von anderen zu erfahren, ob ich meine Sache gut gemacht habe.	
29.	Wenn ich eine Aufgabe einmal begonnen habe, führe ich sie auch zu Ende.	
30.	Ich stelle meine Wünsche und Bedürfnisse zugunsten deren anderer Personen zurück.	
31.	Ich bin anderen gegenüber oft hart, um von ihnen nicht verletzt zu werden.	
32.	Ich trommle oft ungeduldig mit den Fingern auf den Tisch.	
33.	Beim Erklären von Sachverhalten verwende ich gerne die klare Aufzählung: Erstens ..., zweitens ..., drittens ...	

34.	Ich glaube, dass die meisten Dinge nicht so einfach sind, wie viele meinen.	
35.	Es ist mir unangenehm, andere Leute zu kritisieren.	
36.	Bei Diskussionen nicke ich häufig mit dem Kopf.	
37.	Ich strenge mich an, um meine Ziele zu erreichen.	
38.	Mein Gesichtsausdruck ist eher ernst.	
39.	Ich bin nervös.	
40.	So schnell kann mich nichts erschüttern.	
41.	Meine Probleme gehen die anderen nichts an.	
42.	Ich sage oft: *„Macht mal vorwärts."*	
43.	Ich sage oft: *„Genau"*, *„exakt"*, *„klar"*, *„logisch."*	
44.	Ich sage oft: *„Das verstehe ich."*	
45.	Ich sage eher: *„Könnten Sie es nicht einmal versuchen?"* als *„Versuchen Sie es einmal!"*	
46.	Ich bin diplomatisch.	
47.	Ich versuche, die an mich gestellten Erwartungen zu übertreffen.	
48.	Beim Telefonieren bearbeite ich nebenbei oft noch Akten.	
49.	„Auf die Zähne beißen", heißt meine Devise.	
50.	Trotz enormer Anstrengung will mir vieles einfach nicht gelingen.	

Auswertung

Die fünf Antreiber lauten: „sei stark", „sei gefällig", „beeil dich", „sei perfekt" und „streng dich an".

„Sei stark"										
Frage	4	9	16	20	22	26	31	40	41	49
Punkte										
Total										

„Sei gefällig" bzw. „Mach es allen recht"										
Frage	2	7	15	17	28	30	35	36	45	46
Punkte										
Total										

„Beeil dich"										
Frage	3	12	14	19	21	27	32	39	42	48
Punkte										
Total										

„Sei perfekt"										
Frage	1	8	11	13	23	24	33	38	43	47
Punkte										
Total										

„Streng dich an"										
Frage	5	6	10	18	25	29	34	37	44	50
Punkte										
Total										

Bewertung / Punkte

> 40	Sehr stark ausgeprägter Antreiber. Sie sollten ernsthaft Ihren jeweiligen Antreiber reflektieren und hinterfragen. Es besteht die Möglichkeit, dass Ihr Verhalten in vielfältigen Situationen unbewusst von diesem sehr stark ausgeprägten Antreiber beeinflusst wird. Bei dieser Ausprägung kann u. U. eine Coaching-Maßnahme sinnvoll sein.
30–40	Stark ausgeprägter Antreiber. Beobachten Sie Ihr entsprechendes Verhalten einmal selbst und versuchen Sie, bewusst entgegengesetztes Verhalten zu zeigen.
20–30	Wenig stark ausgeprägter Antreiber. Falls entsprechende Verhaltensweisen Sie nicht belasten oder stören, besteht wenig Handlungsbedarf.
< 20	Gering ausgeprägter Antreiber, kein Handlungsbedarf.

(Weh & Enaux, 2008, S. 81–83)

Literatur

Ballreich, R. & Glasl, F. (2011). *Konfliktmanagement und Mediation in Organisationen. Ein Lehr- und Übungsbuch mit Filmbeispielen auf DVD.* Stuttgart: Concadora.

Berkel, K. (1997). *Konflikttraining: Konflikte verstehen, analysieren, bewältigen.* Heidelberg: Sauer.

BMFJ Bundesministerium für Familien und Jugend (o. J.). Mediation. Abgerufen am 10.03.2021 von http://www.bmfj.gv.at/familie/trennung-scheidung/mediation.html.

Boysen, W. (2013). *Grenzgänge im Management. Quellen für neue Lösungsansätze.* Wiesbaden: Springer Gabler.

Bundesamt für Soziales und Behindertenwesen (o. J.). Sozialministeriumservice. Abgerufen am 13.03.2021 von https://www.sozialministeriumservice.at/.

EU-MediatG (2011). Bundesgesetz über bestimmte Aspekte der grenzüberschreitenden Mediation in Zivil- und Handelssachen in der Europäischen Union (EU-Mediations-Gesetz – EU-MediatG). BGBL I 21/2011. Abgerufen am 10.03.2021 von https://www.ris.bka.gv.at/GeltendeFassung.wxe?Abfrage=Bundesnormen&Gesetzesnummer=20007234.

Fisher, R., Ury, W. & Patton, B. (2018). *Das Harvard-Konzept. Die unschlagbare Methode für beste Verhandlungsergebnisse.* Neuausgabe. München: Deutsche Verlags-Anstalt.

Frankl, V. (2005). *Der leidende Mensch. Anthropologische Grundlagen der Psychotherapie.* 3. Auflage. Bern: Huber.

Frankl, V. (2006). *Der unbewusste Gott. Psychotherapie und Religion.* 8. Auflage. München: Deutscher Taschenbuchverlag.

Frankl, V. (2012). *Der Wille zum Sinn.* 6. Auflage. Bern: Huber.

Fürst, G. C. (2004). Umweltmediation. Methoden – Verfahren – Lösungswege für Entscheidungsträger und Mediatoren. Beiträge zur Konfliktkultur. *Perspektive Mediation, 3,* S. 163–166.

GewO (1994). Verordnung des Bundesministers für Wirtschaft und Arbeit über die Zugangsvoraussetzungen für das reglementierte Gewerbe der Lebens- und Sozialberatung (Lebens- und Sozialberatungs-Verordnung) StF: BGBl. II Nr. 140/2003. Abgerufen am 10.03.2021 von https://www.ris.bka.gv.at

/GeltendeFassung.wxe?Abfrage=Bundesnormen&Gesetzesnummer=20002563.

Glasl, F. (1997). *Konfliktmanagement. Ein Handbuch für Führungskräfte, Beraterinnen und Berater.* Berlin, Stuttgart, Wien: Haupt/Stuttgart: Freies Geistesleben.

Glasl, F. (2013). *Konfliktmanagement. Ein Handbuch für Führungskräfte, Beraterinnen und Berater.* 11., aktualisierte Auflage. Berlin, Stuttgart, Wien: Haupt/Stuttgart: Freies Geistesleben.

Glasl, F. & Weeks, D. (2008). *Die Kernkompetenzen für Mediation und Konfliktmanagement. Ein Praxisbuch mit Filmbeispielen auf DVD.* Stuttgart: Concadora.

Haft, F. (2000). *Verhandlung und Mediation. Die Alternative zum Rechtsstreit.* 2., erweiterte Auflage. München: C. H. Beck.

Lindenberg, U. (2008). *Mein Hermann Hesse. Ein Lesebuch.* Frankfurt am Main: Suhrkamp.

Mayer, B. (2007). *Die Dynamik der Konfliktlösung. Ein Leitfaden für die Praxis.* Stuttgart: Klett-Cotta.

Navigium (o. J.). Stichwort „Mediare". Abgerufen am 10.03.2021 von https://www.navigium.de//latein-woerterbuch.html?form=mediare.

Nöllke, M. (2015). *Kreativitätstechniken.* 7. Auflage. Freiburg, München: Haufe Lexware.

ÖBM Österreichischer Bundesverband für Mediation (o. J.a). Der ÖBM definiert Mediation. Abgerufen am 10.03.2021 von https://www.oebm.at/grundlagen.html.

ÖBM Österreichischer Bundesverband für Mediation (o. J.b). Schule und Bildung. Abgerufen am 10.03.2021 von https://www.oebm.at/schule-und-bildung-101.html.

Pondy, L. R. (1967). Organizational Conflict; Concepts and Models. *Administrative Science Quarterly, 12 (2),* S. 296–320.

Pruckner, M. (2003). *Recht der Mediation. ZivMediatG mit Kurzkommentar, Vertrags- und Berufsrecht, Arbeiten auf EU-Ebene.* Wien: Linde.

Schmidt, O. (2021) (Hrsg.). *Zeitschrift für Konfliktmanagement ZKM.* Verhandeln, Mediation, Streitbegleitung. Abgerufen am 10.03.2021 von https://www.otto-schmidt.de/zeitschrift-fur-konfliktmanagement-zkm-probeabo-14392127?gclid=CjwKCAjwtqj2BRBYEiwAqfzur3wWe_dwEp1Q

UoljtFlBXRorNdb9yvYElnSkExxovsPhK1HoUVoPmBoCP1kQAvD_BwE.

Schuster, M. (2019). Eingetragene Mediatoren als Zeugen vor Gericht? Abgerufen am 10.03.2021 von https://www.oebm.at/tl_files/oebm/pdfdownloads/Fachzeitschrift%20Die%20Mediation/Mathias%20Schuster_Eingetragene%20Mediatoren%20als%20Zeugen%20vor%20Gericht_DM_I-2019.pdf.

Schwarz, G. (1997). *Konfliktmanagement. Sechs Grundmodelle der Konfliktlösung.* 3. Auflage. Wiesbaden: Gabler.

Schwarz, G. (2014). *Konfliktmanagement. Konflikte erkennen, analysieren, lösen.* 9. Auflage. Wiesbaden: Springer Gabler.

Watzlawick, P. (1983). *Anleitung zum Unglücklichsein.* München: Piper.

Weh, S.–M. & Enaux, C. (2008). *Konfliktmanagement. Konflikte kompetent erkennen und lösen.* 4. Auflage. Hamburg: Haufe.

ZivMediat-AV (2004). Verordnung des Bundesministers für Justiz über die Ausbildung zum eingetragenen Mediator (Zivilrechts-Mediations-Ausbildungsverordnung – ZivMediat-AV) BGBL II 47/2004. Abgerufen am 10.03.2021 von https://www.ris.bka.gv.at/GeltendeFassung.wxe?Abfrage=Bundesnormen&Gesetzesnummer=20003180.

ZivMediatG (2003). Bundesgesetz über Mediation in Zivilrechtssachen (Zivilrechts-Mediations-Gesetz – ZivMediatG). BGBl. I Nr. 29/2003. Abgerufen am 10.03.2021 von https://www.ris.bka.gv.at/GeltendeFassung.wxe?Abfrage=Bundesnormen&Gesetzesnummer=20002753.

ZPO Zivilprozessordnung (2003). Beweis durch Zeugen. Unzulässigkeit und Verweigerung des Zeugnisses. § 320. Abgerufen am 10.03.2021 von https://www.ris.bka.gv.at/eli/rgbl/1895/113/P320/NOR40041449.

Publikationen von Sabine Wöger, erschienen im BoD-Verlag:

- Demenz. Wissenswertes für Betroffene, Angehörige und Betreuende. 2., erweiterte Auflage (2020).
- Schöpfen von Handpuppen in der Existenzanalyse und Logotherapie. Ein Buch für kreative Psychotherapeut*innen (2019).
- Kleine Studienhilfe zum Verfassen wissenschaftlicher Arbeiten. Praxisorientierte Grundlagen (2019).
- Krisenhilfe. Ein Buch für die Psychologische Beratung auf Basis der Logotherapie (2020).
- Rituale in Alten- und Pflegeheimen: Gestaltung von Trauer- und Abschiedskultur (2020).
- So spannend ist die Logotherapie. Fallsequenzen aus der Existenzanalyse und Logotherapie (2020).
- Gewissen und Schuld: Wissenswertes und Praxiswerkzeuge für psychologisch Beratende (2021).

Sabine und Wolfgang Wöger:

- Kalkutta – Indien. Volontariat in Einrichtungen von Mutter Teresa (2021).